구약성경에서 하나님의 음성을 듣는 52주 구역공과

날마다 은혜 받는 구역예배

21세기구역공과편찬위원회

구약성경에서 하나님의 음성을 듣는 52주 구역공과
날마다 은혜 받는 구역예배

초판 1쇄   2025년 1월 2일

지은이   21세기 구역공과 편찬위원회
발행인   이규종
펴낸곳   엘맨출판사
등록번호   제13-1562호(1985.10.29.)
주소   서울시 마포구 토정로 222
          한국출판콘텐츠센터 422-3
전화   (02) 323-4060, 6401-7004
팩스   (02) 323-6416
이메일   elman1985@hanmail.net

ISBN   978-89-5515-817-5 03230

이 책에 대한 무단 전재 및 복제를 금합니다.
잘못된 책은 구입하신 서점에서 바꿔드립니다.

값 8,000 원

구약성경에서 하나님의 음성을 듣는 52주 구역공과
날마다 은혜 받는 구역예배

21세기구역공과편찬위원회

공과를 내면서

구역식구 여러분! 한 해를 잘 보내셨는지요?

뜨겁게 내리쬐던 태양도 이젠 지친 듯, 산기슭에 기대어 누워 있고, 곡식을 여물게 하려고 한 줌의 바람이 이삭들을 쓸어 주는 초가을의 풍경이 펼쳐지는 계절입니다. 또 우리는 한 해를 내려가면서 또 오는 한 해를 준비하기 위해 귀한 시간을 사용해야 하겠지요.

우리 삶의 과정에서 영혼을 살찌우는 일은 무엇보다도 중요합니다. 신앙의 기초를 든든히 하는 일, 믿음의 기둥을 세우는 일, 그리고 바람이 불어도 날아가지 않을 지붕을 씌우는 일. 이 모든 것이 예배와 교육으로 이루어집니다. 구역예배는 글자 그대로 구역식구들이 모여서 하나님께 예배드리는 시간입니다. 그런 가운데 말씀을 읽고, 듣고, 마음에 새기게 됩니다. 그러기에 기독교의 예배는 그 자체가 교육입니다. 그리고 예배와 함께 구역 식구들이 함께 모여서 성도의 교제를 나누는 귀한 시간입니다. 이 시간을 통하여 우리의 믿음과 신앙생활이 성장하고 발전하는 것입니다. 그러므로 우리는 구역예배의 모임을 소홀히 해서는 안 될 것입니다.

올해의 구역공과는 구약성경의 중요한 사건들을 모았습니다. 읽기만 해도 알기 쉽도록 구성하여 보았습니다. 또다시 한 식구가 되어 하나님의 말씀을 나누고, 주님의 사랑을 함께 나누는 시간을 갖게 됨을 감사드리며, 하나님의 은혜 속에서 믿음이 성큼성큼 자라나기를 기도드립니다.

목차

1월 창조적인 믿음의 새 출발
제1과 인간 창조의 목적 (창 1:22, 28) 10
제2과 창조신앙과 환경보전 (창 1:27-2:3) 14
제3과 한 남자와 한 여자 (창 2:23-25) 18
제4과 인간의 타락 단계 (창 3:6) 22

2월 순종함으로 더 큰 은혜 체험
제5과 구속자에 대한 약속 (창 3:14-21) 28
제6과 홍수 심판의 새 언약 (창 8:20-9:17) 32
제7과 바벨탑과 인간의 교만 (창 11:1-9) 36
제8과 순종하는 아브라함 (창 12:1-3) 40

3월 더 높이 올라가는 신앙생활
제9과 소돔과 고모라의 멸망 (창 18:1-19:29) 46
제10과 제물로 바쳐진 소년 (창 22:1-19) 50
제11과 장자권을 소중히 여긴 야곱 (창 25:24-34) 54
제12과 은혜의 사닥다리 (창 28:10-22) 58
제13과 바로의 꿈을 해석한 소년 (창 41:17-36) 62

4월 받은 은혜를 증거하는 삶
제14과 모세의 인생 3단계 (출 1:8-2:10) 68
제15과 사라지지 않는 불 (출 3:1-12) 72

| 제16과 | 애굽의 열 가지 재앙 (출 7:6-12:20) | 76 |
| 제17과 | 하나님과 함께하라 (출 14:17-20) | 80 |

5월   하나님의 교회와 가정

제18과	광야의 만나와 메추라기 (출 16:1-36)	86
제19과	모세가 승리한 이유 (출 17:8-16)	90
제20과	광야의 교회 (출 40:1-38)	94
제21과	유월절 기념 명령 (민 9:1-13)	98

6월   더 높은 신앙생활

제22과	유월절 준수 규례 (민 9:6-14)	104
제23과	불기둥과 구름 기둥의 인도 (민 9:15-23)	108
제24과	가나안 정탐꾼 파견 (민 13:1-14:12)	112
제25과	불뱀과 놋뱀 (민 21:4-9)	116
제26과	신앙의 안목을 가진 여인 (수 2:1-24)	120

7월   믿음의 선배를 본 받아

제27과	무너져 내린 여리고성 (수 6:1-16)	126
제28과	아이성을 멸하신 하나님 (수 8:1-19)	130
제29과	양털에만 내린 이슬 (삿 6:36-40)	134
제30과	삼백 명으로 구원하신 하나님 (삿 6:33-7:25)	138

8월   은혜와 사랑을 증거하는 삶

제31과	벧세메스의 두 암소 (1) (삼상 6:7-16)	144
제32과	벧세메스의 두 암소 (2) (삼상 6:7-16)	148
제33과	자기 생명처럼 사랑한 친구 (삼상 18:1-4)	152
제34과	하나님의 세 가지 음성 (삼상 23:15-18)	156

9월   안식과 새로운 도전

제35과	솔로몬의 재판 (왕상 3:16-28)	162
제36과	일평생 하나님 앞에서 (왕상 15:9-15)	166
제37과	하나님이 먹이시는 사람 (왕상 17:1-6)	170
제38과	사르밧 과부의 순종 (왕상 17:8-16)	174
제39과	엘리야의 제단 (왕상 18:30-40)	178

10월   천국 소망으로 충만한 삶

제40과	로뎀나무 아래서 (왕상 19:1-8)	184
제41과	세미한 하나님의 음성 (왕상 19:9-16)	188
제42과	나봇의 포도원 (왕상 21:1-29)	192
제43과	하늘로 올라간 엘리야 (왕하 2:1-12)	196

11월   감사와 찬송으로 승리하는 삶

제44과	잃어버린 도끼를 찾아서 (왕하 6:1-7)	202
제45과	보다 더 귀한 사람 (왕하 6:8-17)	206
제46과	전쟁을 승리로 이끈 찬송 (대하 20:20-30)	210
제47과	죽으면 죽으리라 (에 4:13-17)	214

12월   주님을 고대하며 마무리하자

제48과	예레미야가 본 환상 (렘 1:11-16)	220
제49과	들리게 해야 할 소리 (렘 33:10-11)	224
제50과	이 뼈들이 능히 살겠느냐? (겔 37:1-14)	228
제51과	내 종 싹을 나게 하리라 (슥 3:6-10)	232
제52과	메네 메네 데겔 우바르신 (단 5:24-28)	236

1월

창조적인 믿음의 새출발

◆

인간 창조의 목적

창조신앙과 환경보전

한 남자와 한 여자

인간의 타락 단계

제1과

인간 창조의 목적

성경: 창 1:22, 28
찬송 : 79, 478장

"하나님이 그들에게 복을 주시며 이르시되 생육하고 번성하여 여러 바닷물에 충만하라 새들도 땅에 번성하라 하시니라, 하나님이 그들에게 복을 주시며 하나님이 그들에게 이르시되 생육하고 번성하여 땅에 충만하라, 땅을 정복하라, 바다의 물고기와 하늘의 새와 땅에 움직이는 모든 생물을 다스리라 하시니라"(창 1:22, 28)

인간을 흔히 만물의 영장이라고 합니다. 영장(靈長)이라는 말은 최고의 힘을 가진 우두머리를 뜻합니다. 인간은 하나님의 '형상'과 '모양'을 따라 창조되었으며, 하나님이 인간을 지으실 때, 다른 피조물과는 달리 지정의(知精意)를 갖춘 인격적 존재로 지으셨습니다. 그리고 그들에게 복을 주시며 이르시되 "생육하고 번성하여 땅에 충만하라, 땅을 정복하라, 바다의 물고기와 하늘의 새와 땅에 움직이는 모든 생물을 다스리라"(창 1:28)고 하셨습니다. 하나님은 인간에게 모든 만물들을 다스리고 보존하며 관리하는 권한을 부여하셨습니다.

1. 땅에 충만하라.

하나님은 모든 생물들에게 "생육하고 번성하라"고 말씀하셨습니다. 이것은 식물들은 자라서 열매를 주렁주렁 맺어 풍성히 늘어나며, 동물들은 번식하여서 그 수가 많아지는 것을 뜻합니다. 이렇게 하나님은 생명체에 대한 보존과 증식을 통한 복과 사랑을 기대하시는 것입니다. 그리고 인간에게도 먼저 "땅에 충만하라"고 하셨습니다.

우리나라는 지금 저출산의 문제로 매우 심각한 위기에 처하게 되었습니다. 인구가 많아서 먹고 살 걱정도 있었지만, 신세대 부부들이 자녀를 원치 않으므로 하나님의 아름다운 동산을 가꾸는 일꾼이 부족하게 되기도 합니다. 생육하고 번성하는 것은 하나님의 '복 주심'입니다. 임의로 거부하는 것은 하나님의 창조의 역사를 거부하는 일이 됩니다.

우리는 이 세상에서 생육하고 번성할 뿐 아니라, 온 백성이 모든 땅에서 거할 수 있도록 복되게 살아야 할 것입니다.

2. 땅을 정복하라.

오늘 우리가 사는 지구는 환경오염과 공해로 말미암아 신음하고 있습니다. 환경을 파괴하는 것은 결국 우리 인간도 함께 고통을 당하는 결과를 초래합니다.

하나님은 인간에게 "땅을 정복하라"고 하셨습니다. 이 말은 땅을 소유하라는 의미와 함께 관리하라는 의미가 됩니다. 정복하라고 한 것은 마음대로 사용하여 파괴하는 것이나 못쓰게 만드는 것이 아니라, 땅에 있는 자원을 활용하여 더욱 윤택하게 하고 잘 가꾸는 것을 의미합니다. 이것이 인간에게 부여된 문화적 소명이며, 문화적 명령입니다. 따라서 인간은 경제생활을 영위하며, 교육과 학문, 사회생활, 예술과 신앙생활 등의 소위 문화활동을 하게 됩니다.

그리하여 인간은 태초 이래로 문화를 발전시켜 왔으며, 지금도 계속해서 문화를 창출해 나가고 있습니다. 그러므로 그리스도인들은 각 분야에서 뛰어나도록 힘쓰고 애써야 합니다. 자기 분야를 개척하고 개발해야 합니다. 사고구조와 생각을 바꾸어서 풍요로운 삶을 살아야 하는 것입니다. 그러나 이 모든 것은 인간들의 욕심을 채우려고 해서는 안 되며, 하나님의 아름다운 세상을 잘 가꾸기 위한 것이어야 합니다.

3. 땅을 다스리라.

하나님은 땅과 물, 그리고 하늘, 물고기와 모든 생물과 새들을 만드신 후에 인간을 창조하시고, 인간에게 복을 주시며, 바다의 고기와 공중의 새와 땅에 움직이는 모든 생물을 다스리도록 맡기셨습니다.

"다스리다"라는 말은 '주권을 잡다, 지배하다, 통치하다'라는 뜻입니다. 그리고 "모든 생물을 다스리라"고 한 말씀은 인간이 다른 피조물들을 주관할 수 있는 권위와 능력을 하나님께로부터 부여받은 것을 말합니다. 그래서 인간은 고등한 존재로 다른 피조물들을 통치할 수 있는 권한을 행사하게 된 것입니다. 만물을 잘 다스림으로서 이 세상의 질서와 조화가 이루어지는 것입니다.

하나님은 우리에게 우리의 필요를 위한 것으로만이 아니라, 기쁨과 즐거운 삶을 위해 풍부하고 풍족하며 기름진 것으로 채워주셨습니다. 우리는 그것을 받아 누려야 할 것입니다. 이것은 하나님의 뜻이요, 우리 인간에게 주신 무한한 복입니다. 그러므로 물질이 인간을 위해서 존재하지 인간이 물질을 위해 있지 않는다는 대원칙을 분명히 기억해야 할 것입니다. 기왕이면 남에게 꾸어 쓰기보다는 물질을 가지고 하나님의 영광을 위하여 선한 일에 사용하는 것이 하나님이 우리에게 허락하신 복입니다.

말씀을 생각하며

1. 오늘의 말씀에서 가장 마음에 남는 말씀은 어떤 말씀입니까?
   _____
   _____
   _____
   _____

2. 왜 그 말씀이 마음에 남습니까?
   _____
   _____
   _____
   _____

3. 오늘의 말씀을 읽고, 나의 신앙생활 속에서 고쳐야 할 점은 무엇입니까?
   _____
   _____
   _____
   _____

한 주간의 기도 제목

나 _____
가정 _____
교회 _____

제2과

창조신앙과 환경보전

성경 : 창 1:27-2:3
찬송 : 79, 478장

"하나님이 지으신 그 모든 것을 보시니 보시기에 심히 좋았더라 저녁이 되고 아침이 되니 이는 여섯째 날이니라"(창 1:31)

요즈음 환경문제가 너무 심각해져서 어디에서부터 손을 써야할 지 모르는 상태가 되었습니다. 환경에 대한 이야기는 많이 하지만 갈수록 쓰레기와 오염 정도는 더욱 심각해져 있으며, 우리나라뿐만 아니라 전 세계적으로 깨끗한 물을 얻지 못하여 21세기에는 물 전쟁이 일어날 것이라고 경고하고 있습니다. 더구나 핵폐기물 처리 또한 제대로 되지 않아 인류의 생존은 더욱 위협을 받고 있습니다. 이런 문제에 대하여 우리는 기독인으로서 어떤 자세를 취해야 하는 걸까요?

1. 하나님은 창조주이심을 깨달아야 합니다.

우리는 "전능하사 천지를 만드신 하나님 아버지를 내가 믿사오며"라고 고백합니다. 혹 여러분 중에 이 사실을 머리로만 알고 있는 분은 없습니까? 이것은 가슴으로 인정하고 깊은 신앙 가운데 고백되어야 합니다. 과학만능주의에 빠져 있는 현대인들은 하나님이 이 세상의 주인이시며, 우리 인간이 피조물 중 하나임을 모릅니다. 환경 파괴의 가장 기본적 원인이 바로 여기 있습니다.

그동안 사람들은 과학기술의 발달 가운데 자연을 '정복의 대상'으로 여겨왔습니다. 그러나 생존의 터전이 위협 받고 있는 지금, 우리는 자연과 더

불어 살아가는 겸손한 자세를 가져야 합니다. 본문의 "땅을 정복하라"는 말씀은 원어로 보면 '돌보아주다, 필요로 하는 것을 도와주다'입니다. 사실 하나님께서 "보시기에 참 좋았던" 세상을 인간에게 왜 정복하고 다스리라고 하셨을까요?

2. 안식은 재창조임을 깨달아야 합니다.

"Recreation"이란 단어는 '다시(re-)'와 '창조(creation)'의 합성어로서 재창조의 뜻을 담고 있습니다. 우리는 안식일을 하나님께 예배드리는 날로만 생각하지만, 안식일은 영적으로 하나님을 경배함으로써 인간의 근원을 확인하는 동시에 육신의 휴식을 통하여 에너지를 재충전을 하는 날입니다.

하나님께서 지으시던 일을 다 마치시고 일곱 째 날에 안식하셨는데, 그 이유는 하나님께서 안식의 모범을 보이므로 인간과 자연에게 안식을 가르치고 이를 통해 재창조의 법칙을 세우시기 위함이었습니다. 또 출애굽기 20:10의 제4계명을 보면 인간뿐 아니라 가축도 쉬게 하셨습니다. 레위기 25:5에 보면 안식년 법에서 제7년째 되는 해는 땅의 안식년이므로 스스로 난 곡물을 거두지 말라고 하셨습니다. 현대인들은 이런 재창조의 법칙을 지키지 않음으로 인하여 창조세계의 회복은 그 가능성을 잃고 파괴가 가속되는 것입니다.

3. 환경보전 운동은 실천되어야 합니다.

위에서 살펴 본 말씀에서 가장 중요한 것은 하나님을 창조주로 고백하고 우리가 그의 피조물임을 확실히 아는 것입니다. 물론 이 고백은 우리의 몸에, 우리의 말에, 우리의 가치관 속에 깊이 뿌리 박혀 있어야 합니다. 더구나 지금 우리가 사는 세상 풍조가 인간 중심주의로 흐르고 있기에, 세상을 본받지 말고(롬 12:2) 시류를 거슬러 올라가기 위해서는 특별한 기독인으로서의 경건훈련을 해야 합니다.

또한 물질주의와 상업주의에 젖어있는 현대인은 물질의 노예가 되어있다고 해도 과언이 아닙니다. 우리는 편리한 문명의 이기에 너무나 익숙해 있어서 급기야는 그것이 없이는 살지 못하는 절름발이의 인간이 되어가고 있습니다. 교통수단이 발달되기 전에는 십리 길을 걸어가는 것은 예사로운 일이었으나, 지금은 자동차가 많아져서 버스로 한두 정거장도 타고 다니게 되었습니다. 그만큼 인간은 자동차라고 하는 물질문명에 길들여져서 교통수단이 없이는 꼼짝을 못하는 장애인과 같이 된 것입니다. 이와 같이 물질에 얽매인 현대인들에게 가장 필요한 것이 절제의 훈련입니다. 절제의 훈련은 우리의 신앙이나 환경보전을 위하여 매우 중요한 덕목입니다.

환경보전은 말이나 기술로 되는 것이 아닙니다. 그것은 기독인들이 신앙을 바탕으로 한 새로운 가치관과 생활양식에 의해 가능한 것입니다. 지금은 피조물이 죽어 가는 위기의 시대입니다. 우리가 하나님을 두려워하지 않고 계속 물질에 종속되어 있는 한, 창조세계의 파괴와 생존의 위협은 계속될 것입니다. 우리 기독교인들이 먼저 환경보전 운동을 함으로써 하나님의 진노를 피하고 우리의 후손에게 처음 지음받은 본래의 아름다운 모습을 남겨 주어야 합니다.

말씀을 생각하며

1. 오늘의 말씀에서 가장 마음에 남는 말씀은 어떤 말씀입니까?

   _____
   _____
   _____
   _____

2. 왜 그 말씀이 마음에 남습니까?

   _____
   _____
   _____
   _____

3. 오늘의 말씀을 읽고, 나의 신앙생활 속에서 고쳐야 할 점은 무엇입니까?

   _____
   _____
   _____
   _____

한 주간의 기도 제목

나 _____
가정 _____
교회 _____

제3과

한 남자와 한 여자

성경 : 창 2:23-25
찬송 : 21, 68장

"여호와 하나님이 이르시되 사람이 혼자 사는 것이 좋지 아니하니 내가 그를 위하여 돕는 배필을 지으리라 하시니라"(창 2:18)

성경은 '남자와 여자'를 함께 가리켜 "사람"(인간)이라고 했습니다. 특별히 남자가 된다는 것은 곧 남편이 된다는 의미였고, 여자가 된다는 것은 곧 아내가 된다는 것을 의미했습니다. 하나님은 결혼을 통해 새로운 창조질서를 회복시키고, 죄로 말미암아 상실한 사랑을 회복하고 완성하여 하나님의 영광으로 가득한 부부관계를 만드시고자 하십니다. 오늘 말씀은 결혼관계의 가장 기본적인 요소들을 우리에게 가르쳐 줍니다.

1. 부모를 떠나야 합니다.

결혼하는 남자와 여자는 그동안 부모와 한 가족의 일원으로서 부모의 품 안에서 양육을 받아왔습니다. 이러한 남녀에게 하나님은 먼저 "떠나라"고 말씀하십니다. '떠나라'는 명령은 남자의 가족 공동체의 일원과 여자의 가족 공동체의 일원이 본래의 공동체를 떠나 새로운 부부 공동체로 재구성되는 과정의 필수적인 첫 단계입니다.

한 남자와 한 여자는 결혼하여 새로운 정체성을 가진 부부 공동체를 만듭니다. 이 새로운 공동체는 이전에 속하였던 가족 공동체와는 엄격하게 구별되고 분리된 새로운 공동체입니다. 이 부부가 한 몸으로서의 새 정체성을 부여받기 위해서는 이전의 관계, 이전의 정체성, 이전의 삶의 방식 등을 떠나야만 합니다. 떠남의 명령은 결국 새로운 정체성 정립의 필수 요건이요, 떠남이 없는 부부 관계는 정체성의 혼동을 경험하며 문제 부부로 남을 수밖에 없습니다. 부부는 그들의 정체성을 위해 떠나며, 그 형태는 한쌍의 배필이 지니고 있는 개성의 상호작용과 통합과 재분화를 이루는 것입니다.

부부는 그 부모로부터 떠나 새로운 정체성을 가진 공동체를 만듭니다. 이 공동체는 한 몸이라는 독특한 정체성을 가진 새로운 인격체입니다. 떠남의 중요성은 다른 어떠한 관계보다도 부부관계가 최우선이요, 다른 어떠한 것보다도 부부로서 책임을 지며 살아야 한다는 것입니다. 이것은 부모와의 관계보다도, 다른 어떤 인척이나 친구관계보다도 부부관계를 중시하고 책임을 져야 한다는 것을 뜻합니다. 이러한 "떠남"이 있어야 생명이 넘치는 풍성한 부부 관계가 가능한 것입니다.

2. 남녀가 연합해야 합니다.

떠남의 다음 과정은 연합입니다. 연합한다는 말은 일부일처의 원칙과 두 사람 간의 독점적이요 유일한 관계, 그리고 영원한 관계의 원칙을 의미합니다. 그러면 부부를 연합시키는 강력한 힘은 무엇일까요? 대개 서로 사랑하기 때문에 결혼하며, 그 사랑이 부부관계를 연합시키는 힘이 된다고 생각합니다. 그러나 사랑 그 자체는 매우 변화난측한 것이어서, 사랑이 부부관계를 연합시키는 하나의 용인이 될 수는 있어도 연합시키는 접착제라고 하기에는 불충분합니다. "그런즉 이제 둘이 아니요 한 몸이니 그러므로 하나님이 짝지어 주신 것을 사람이 나누지 못할지니라"(마 19:6)고 예수님은 말씀하셨습니다.

부부 공동체 위에 하나님의 현존(現存)이 그 부부를 짝지우는 접착제 역할을 합니다. 하나님은 결혼의 제도를 창조하신 분이요, 부부를 하나 되게 연합시키는 분이요, 그 연합을 항상 단단히 지키시며, 풍성한 생명으로 부부에게 공급하시는 분이십니다. 하나님이 부부 공동체의 주인이 되는 동안에 그 부부는 연합된 부부로 참 생명을 누릴 것입니다. 그러므로 부부가 하나님 앞에서 참 신앙을 실천하며 하나님 중심의 삶을 창조할 때에 그 부부의 연합은 더욱 튼튼해집니다.

3. 한 몸이 되어야 합니다.

한 몸이 되는 것은 두 사람 속에서 하나의 새로운 삶이 존재하며, 여기에 각 개인의 인식과 가치 존엄성이 똑같이 존재하는 것을 의미합니다. 즉 한 몸이 된다는 것은 육체적 연합만을 의미하지 않고 각 개인이 가지고 있는 인식이나 가치관, 사상, 감정 등 모든 것이 하나 됨을 의미합니다. 하나의 인격체를 이루어 의사소통과 나눔과 돌봄을 평생토록 지속하는 삶이요, 이것은 바로 하나님의 창조 질서를 회복하는 삶을 의미합니다.

한 몸이 된다는 것은 개인이 가지고 있는 것을 포기하거나, 부부의 정체성을 위해 자기 정체성을 함몰 시켜버리거나 종속시키는 것을 의미하지 않습니다. 오히려 각자가 가지고 있는 독특성을 고유성과 개인의 정체성을 더욱 개발하여 자기완성에 이르도록 장려합니다. 이는 남자나 여자의 인격이 결혼하면서 상실되는 것이 아니라 더욱 완전히 개발되면서, 남자와 여자의 고유한 인격체가 서로 교통하며, 서로 나누며, 서로 돌보는 인격의 연합체를 완성하는 것이, 곧 하나 됨의 근본 원리입니다.

말씀을 생각하며

1. 오늘의 말씀에서 가장 마음에 남는 말씀은 어떤 말씀입니까?
   _____
   _____
   _____
   _____

2. 왜 그 말씀이 마음에 남습니까?
   _____
   _____
   _____
   _____

3. 오늘의 말씀을 읽고, 나의 신앙생활 속에서 고쳐야 할 점은 무엇입니까?
   _____
   _____
   _____
   _____

한 주간의 기도 제목

나 _____
가정 _____
교회 _____

제4과

인간의 타락 단계

성경 : 창 3:6
찬송 : 284장

"여자가 그 나무를 본즉 먹음직도 하고 보암직도 하고 지혜롭게 할 만큼 탐스럽기도 한 나무인지라 여자가 그 열매를 따먹고 자기와 함께 있는 남편에게도 주매 그도 먹은지라"(창 3:6)

인간은 창조 당시 이 땅의 주역으로서 임명받았으나, 범죄 이후부터 인간은 땅과 모든 생물에 대한 주권을 올바로 행하지 못하게 되었습니다. 그래서 인간이 오히려 자연과 생물에 대하여 두려움과 공포를 가지게 되었고 때로는 스스로를 신으로 착각하는 과오를 범하게 되었습니다. 그러므로 그리스도인들은 주님 안에서 새 사람이 되었으니 모든 피조물에 지배를 받는 자가 아니라, 그들을 다스리는 능력의 사람들이 되어야 할 것입니다.

1. 유혹의 3요소

창세기 3:6에 보면 유혹에 3가지 요소가 있었음을 알 수 있습니다. 그것은 합리적이요, 심미적(深美的)이며, 직업적인 면으로 나와 있습니다. "여자가 그 나무를 본즉 먹음직했다"고 한 것은 이성적인 유혹을 의미합니다. 실제로 타락이 있게 한 것은 먹은 실과 자체에 해로운 성분이 있었던 것이 아니라 하나님의 명령을 어긴데 있었습니다. 실과가 좋고 나쁜 것에 관계없이 하나님께서 먹지 말라고 한 것을 어기고 먹은데 문제가 있는 것입니다.

"보암직도 했다"고 하는 것에서 하와가 실과의 질에 대한 인식에는 틀린 것이 없었습니다. 아름다운 것이 사람에게 해로운 것이 아니라 미적 감각에 눈이 어두워 하나님의 말씀을 제쳐 놓는 일을 자주 범하게 되는 것입니다.

그리고 "지혜롭게 할 만큼 탐스럽기도 한 나무"를 볼 때, "너희가 그것을 먹는 날에는 하나님과 같이 되리라"고 한 사탄의 말이 그렇게 믿어졌던 것입니다. 지혜를 얻을 기회가 왔을 때 그것을 잡는 것이 어째서 잘못 되었을까요? 그러나 하나님께서는 능숙한 통치자를 원하신 것이 아니고, 순종하는 자를 원했던 것입니다.

그러나 "세상에 있는 모든 것이 육신의 정욕과 안목의 정욕과 이생의 자랑이니 다 아버지께로부터 온 것이 아니요 세상으로부터 온 것이라"(요일 2:16)는 사실입니다.

2. 불순종의 단계

사탄은 "하나님이 참으로 너희에게 동산 모든 나무의 열매를 먹지 말라 하시더냐"(창 3:1)고 하와에게 질문합니다. 그 질문은 하와로 하여금 '어째서 하나님이 그런 명령을 하셨을까' 하는 의심이 들게 만들었습니다. 하나님의 명령은 사랑과 긍휼에 의한 것이었는데 사탄은 하나님의 형벌이 너무 심한 것처럼 하와가 생각하도록 유도했습니다. 결국 하와는 "결코 죽지 아니하리라", "먹는 날에는 너희 눈이 밝아져 하나님과 같이 되어 선악을 알게 되리라"는 사탄의 말을 믿은 것입니다. 사탄의 거짓말을 믿게 됨으로 하나님의 신실하신 사랑을 의심한 것입니다. 사탄과 대화를 나눈 후 하나님의 명령 대신 자신의 이해에 의한 결론을 내린 것입니다.

3. 타락의 결과

하나님의 말씀을 어기고 선악과를 먹은데 대한 벌은 사망임이 명백하게 나와 있습니다(창 2:17). 성경에 사망은 3가지로 나와 있는데, 첫째는 육신의 죽음이요, 둘째는 영적인 사망으로 영이 하나님과의 교제에서 분리되어 허물과 죄로 죽어 있는 것(엡 2:1)이고, 셋째는 잃어버린 영혼이 지옥 형벌을 받는 것으로 둘째 사망(계 20:13-15)입니다.

　아담과 하와는 즉시 율법의 범법자가 되었으나 회개를 위해 둘째 사망은 보류되었던 것입니다. 그들은 고백(창 3:12-13)과 피 흘림으로 모형 된 구속주(창 3:21)를 믿음으로 받아들여서 용서되었고, 벌은 제거된 것으로 믿습니다. 아담과 하와는 믿음으로 구원 받았다고 봅니다.

　그들의 죄로 인한 결과는 에덴에서 쫓겨남을 당했고, 양식을 위해 땀을 흘려야만 했으며, 아픔과 허약함이 따르게 되었고, 육체가 죽게 된 것입니다. 부활이 있기 전 까지는 아담의 죄로 인한 자연적인 결과는 제함을 받지 못할 것입니다. 뿐만 아니라 인류의 조상인 아담의 죄의 행위는 모든 후손에게 그 영향을 미치게 됐습니다.

"한 사람으로 말미암아 죄가 세상에 들어오고 죄로 말미암아 사망이 들어왔나니 이와 같이 모든 사람이 죄를 지었으므로 사망이 모든 사람에게 이르렀느니라"(롬 5:12)라고 하였습니다.

말씀을 생각하며

1. 오늘의 말씀에서 가장 마음에 남는 말씀은 어떤 말씀입니까?
   _____
   _____
   _____
   _____

2. 왜 그 말씀이 마음에 남습니까?
   _____
   _____
   _____
   _____

3. 오늘의 말씀을 읽고, 나의 신앙생활 속에서 고쳐야 할 점은 무엇입니까?
   _____
   _____
   _____
   _____

한 주간의 기도 제목

나 _____
가정 _____
교회 _____

2월

순종함으로 더 큰 은혜체험

◆

구속자에 대한 약속

홍수 심판의 새 언약

바벨탑과 인간의 교만

순종하는 아브라함

제5과

구속자에 대한 약속

성경 : 창 3:14-21
찬송 : 284장

"내가 너로 여자와 원수가 되게 하고 네 후손도 여자의 후손과 원수가 되게 하리니 여자의 후손은 네 머리를 상하게 할 것이요 너는 그의 발꿈치를 상하게 할 것이니라 하시고"(창 3:15)

우리 주 예수 그리스도께서는 동정녀 마리아에게서 태어나셨습니다. 이것은 대단히 중요한 의미를 가지고 있습니다. 이것을 이해하기 위해서는 하나님의 구속을 위한 계획을 알아야 합니다.

1. 뱀에 대한 저주

하나님께서 뱀에게 내리는 저주는 이중적이었습니다. 뱀이 모든 생물보다 더욱 저주를 받아 배로 다니고 종신토록 흙을 먹을 것이라고 하셨습니다. 또한 뱀과 여자가 원수가 되고, 뱀의 후손과 여자의 후손이 원수가 된다는 것입니다. 뱀의 후손이란 하나님을 대적하여 구체적으로 활동할 사탄을 의미하며, 여자의 후손이란 장차 인간의 몸으로 오실 예수 그리스도를 의미합니다. 이것은 사탄과 예수 그리스도의 구속사적인 싸움을 가리킵니다. 사탄이 예수 그리스도를 이기기 위해 온갖 간교한 노력을 기울일지라도, 예수 그리스도께서 결국은 사탄에게 승리할 것을 나타냅니다.

뱀에 대한 저주의 말씀 가운데 예수 그리스도께서 사탄에 대하여 승리하신다는 약속이 들어 있습니다. 이 약속은 하나님께서 인류에게 가장 처음으로 주신 원복음(original gospel)입니다. 마침내 이 후손은 성령으로 잉

태되어 동정녀 마리아를 통해 이 세상에 오셨습니다. 아담이 뱀에게 패배했던 것과는 달리, 이 여자의 후손은 뱀의 머리를 상하게 하셨습니다. 하나님께서는 예수님을 통하여 사람들과 다시 대화를 시작하셨습니다. 인간은 이제 하나님의 말씀을 다시 표준으로 가질 가능성을 가지게 된 것입니다. 사람은 예수님 안에서 모든 관계를 회복합니다.

"내가 너로 여자와 원수가 되게 하고 네 후손도 여자의 후손과 원수가 되게 하리니 여자의 후손은 네 머리를 상하게 할 것이요 너는 그의 발꿈치를 상하게 할 것이니라"(창 3:15)

2. 구세주의 약속

하나님은 범죄로 죽은 인간에게 다시 생명을 주시기 위하여 사람이 죽는 고통을 하나님이 당하기로 작정하셨습니다. 생명을 잃은 존재를 살리기 위해서는 그 생명을 대신하여 희생할 생명이 필요한 것입니다. 이 커다란 짐을 예수님이 십자가를 지심으로 감당하셨습니다.

그래서 하나님은 하와에게 말씀하시기를, "내가 네게 임신하는 고통을 크게 더하리니 네가 수고하고 자식을 낳을 것이며 너는 남편을 원하고 남편은 너를 다스릴 것이니라"(창 3:16)고 하셨습니다. 이 말씀은 사람이 죄를 지었기 때문에 하나님께서 사람에게 하신 저주의 말씀이 아니라, 여자의 후손으로 약속된 구주께서 세상에 오셔서 당하실 고통을 여자가 자녀를 낳는 고통에 비유하신 말씀입니다. 아담과 그의 모든 후손은 죽은 자가 되었는데, 예수님은 이들을 살리기 위하여 희생양이 되신 것입니다. 이 고통이 해산의 고통입니다. 죄를 범하여 사망에 이른 우리들을 그리스도의 고난과 부활을 통하여 다시 생명을 얻도록 길을 열어 주신 하나님의 은혜를 감사해야 할 것입니다.

3. 의의 옷을 입히심

아담이 하나님의 약속을 이와 같이 믿었을 때에 하나님은 그 믿음을 받으셨고, 그 믿음이 어떻게 성취되는지를 보여 주셨습니다. 여자의 후손이 사망에 처한 아담과 그의 후손을 어떻게 생명으로 회복시킬 것인지를 가죽으로 옷을 지어 입히신 것을 통해 보여주셨습니다. 무고한 짐승이 희생되는 것처럼 여자의 후손이 아담의 사망을 대신 당할 것을 가르쳐 주신 것입니다. 짐승이 대신 죽으면서 그 가죽을 아담과 하와의 옷이 되게 하였습니다. 이것은 예수님께서 아담과 그의 후손을 대신하여 죽으시므로 아담과 그의 모든 후손이 예수님의 생명을 옷 입게 되는 것을 가르칩니다. 그것은 믿음으로 말미암아 입는 예수님의 의의 옷, 곧 하나님의 의의 옷을 의미합니다.

아담과 하와에게 가죽으로 옷을 지어 입히셨다는 말씀은, 그들에게 옷을 입히시기 위하여 짐승이 죽었다는 말입니다. 이때 죽은 짐승은 양입니다. 이 양은 곧 우리를 대신하여 죽으신 어린 양 예수 그리스도를 의미하는 것입니다. 그러므로 우리는 그리스도의 속죄의 피 흘리심으로 구속을 받아 영생으로 다시 살게 된 것입니다.

말씀을 생각하며

1. 오늘의 말씀에서 가장 마음에 남는 말씀은 어떤 말씀입니까?
   _____
   _____
   _____
   _____

2. 왜 그 말씀이 마음에 남습니까?
   _____
   _____
   _____
   _____

3. 오늘의 말씀을 읽고, 나의 신앙생활 속에서 고쳐야 할 점은 무엇입니까?
   _____
   _____
   _____
   _____

한 주간의 기도 제목

나 _____
가정 _____
교회 _____

제6과

홍수 심판의 새 언약

성경 : 창 8:20-9:17
찬송 : 393, 546장

"하나님이 노아와 그 아들들에게 복을 주시며 그들에게 이르시되 생육하고 번성하여 땅에 충만하라 땅의 모든 짐승과 공중의 모든 새와 땅에 기는 모든 것과 바다의 모든 물고기가 너희를 두려워하며 너희를 무서워하리니 이것들은 너희의 손에 붙였음이니라"(창 9:1-2)

오늘의 본문은 홍수 심판 이후에 새로워진 세상을 복 주시고, 노아와 그에게 속한 세계에 은혜를 언약하시는 내용입니다. 곧 물로 말미암아 지으신 새로운 세계에 하나님께서 언약을 세우고 계시는 것입니다. 그 내용은 만물의 보존에 대한 약속과 새 세계를 향한 복입니다. 그러므로 그 언약에는 하나님의 은혜와 생명이 풍성하게 나타나 있다고 할 수 있겠습니다. 이와 더불어 하나님께서는 구름 가운데 선 무지개로 이 언약의 증거를 삼으셨습니다.

1. 언약의 기초

노아는 방주에서 나와 먼저 단을 쌓고 정결한 짐승을 취하여 번제로 하나님 앞에 제사드립니다. 아마 그 제사는 심판 중에서 베푸신 은혜에 대한 감사의 제사였을 것입니다. 여호와께서는 그 향기를 흠향하시고 마음에 작정하셨습니다. 그것은 이제 사람을 인하여 온 피조세계를 함께 멸절시키는 심판을 하지 않으시겠다는 작정이었습니다. 그 이유를 밝혀주고 있는데, 그것은 사람의 마음이 어려서부터 악하기 때문이라고 말하고 있습니다. 그 본성을 변화시켜 새롭게 하는 길 외에는 다른 길이 없었던 것입니다.

사람의 본성을 새롭게 하기 전에는 죄에 대한 심판이 만물을 새롭게 하지 못하는 것입니다. 물의 심판으로 죄의 세계를 심판하고 새롭게 하셨으나 여전히 사람의 완악함은 제거되지 않고 있습니다. 사람이 계획하는 바가 어려서부터 악하다고 말씀하고 있습니다. 이는 장차 하나님께서 사람의 마음에 그 영을 부으시고 마음으로 순종하는 새 인류를 지으실 것을 우리로 내다보게 합니다. 그리고 여기 보존의 약속이 이를 이루시기 위한, 이를 이루시기까지의 보존인 것을 보게 해 줍니다.

2. 언약의 복

하나님께서는 아담에게 하셨던 것처럼 노아와 그 아들들에게 "생육하고 번성하여 땅에 충만하라"(창 9:1)고 말씀하셨습니다. 세상에 생명의 풍성함은 곧 하나님의 축복하심의 결과인 것입니다. 하나님의 축복하심이 아니라면 세상은 생명을 잃게 되고 메말라 버리고 말았을 것입니다.

사실 사람 때문에 모든 피조물은 함께 망하게 되었고, 그런 의미에서 사람은 얼굴을 들고 다닐 수 없는 위치입니다. 그럼에도 하나님께서는 사람으로 만물을 주관하는 하나님의 대리자로서 위엄을 잃지 않도록 복을 주십니다. 만약 그렇지 않았다면 노아 시대에 인류의 생명은 끝나고 말았을 것입니다. 더 나아가 하나님은 우리들에게 새 양식을 주신 것입니다. 창조 시에는 푸른 식물을 생명의 양식으로 주셨으나, 홍수 후에는 채소 외에 동물도 양식으로 허락하셨습니다. 그만큼 생명이 풍성하게 확대되고 있습니다. 이것은 그리스도의 몸과 피에 참여하는 생명입니다.

예수님께서 말씀하시기를 "받아서 먹으라 이것은 내 몸이니라 하시고 또 너희가 다 이것을 마시라 이는 많은 사람을 위하여 흘리는 바 언약의 피"라고 하셨습니다.

3. 언약과 복의 증거

　이제 다시 하나님께서 홍수로 세상을 멸하지 아니하실 것입니다. 이것이 노아와의 언약이요, 보존의 언약입니다. 세상은 이 언약에 기초하여 보존될 것이고, 그 생명을 누리게 됩니다. 하나님께서는 하늘의 무지개를 보고 자신의 언약을 기억하시겠다고 말씀하셨고, 사람들은 그 무지개를 보고 하나님의 언약과 신실하신 은혜를 생각하게 될 것입니다. 이 무지개는 하나님이 자기 백성과 함께하시는 은혜의 표며, 하나님이 자기 백성을 멸망시키지 않겠다는 생명의 약속의 증거입니다. 예수 그리스도의 영으로서 성령 하나님께서 우리와 함께하신다는 은혜의 표요 증거입니다. 영원히 멸망하지 않는 새로운 생명의 세계로 들어갈 생명의 약속의 증거입니다.

　노아와 그의 후손들은 무지개 언약으로 생명의 보존의 약속을 보았어도 결국 죽음을 이기지는 못하였습니다. 그들의 육체의 생명을 보존 받았을 뿐 결국 다 죽음에 굴복하고 말았습니다. 그러나 우리 주님께서는 죽음을 이기시고 부활하셨고, 영원한 생명에 대한 약속을 주셨습니다. 이 약속은 이 땅의 육체의 생명을 보존하는 그런 약속이 아닙니다. 우리의 영원한 생명을 약속하는 약속입니다. 우리는 이 약속을 가진 자들이고 성령을 그 보증으로 가진 자들입니다. 우리는 부활하신 예수 그리스도의 얼굴을 날마다 대하며, 거기에서 날마다 약속의 분명한 확증 가운데 사는 자들입니다. 그러므로 우리는 날마다 부활하신 그리스도의 얼굴을 믿음으로 대하며, 소망으로 세상을 능히 이기는 삶을 살아야 하겠습니다.

말씀을 생각하며

1. 오늘의 말씀에서 가장 마음에 남는 말씀은 어떤 말씀입니까?
   _____
   _____
   _____
   _____

2. 왜 그 말씀이 마음에 남습니까?
   _____
   _____
   _____
   _____

3. 오늘의 말씀을 읽고, 나의 신앙생활 속에서 고쳐야 할 점은 무엇입니까?
   _____
   _____
   _____
   _____

한 주간의 기도 제목

나 _____
가정 _____
교회 _____

제7과

바벨탑과 인간의 교만

성경 : 창 11:1-9
찬송 : 10, 598장

"서로 말하되 자, 벽돌을 만들어 견고히 굽자 하고 이에 벽돌로 돌을 대신하며 역청으로 진흙을 대신하고 또 말하되 자, 성읍과 탑을 건설하여 그 탑 꼭대기를 하늘에 닿게 하여 우리 이름을 내고 온 지면에 흩어짐을 면하자 하였더니"(창 11:3-4)

오늘날 과학기술문명의 발달은 마음만 먹으면 복제인간도 만들어 낼 수 있는, 가히 인간의 상상을 뛰어넘습니다. 문제는 그것을 운영하고 사용하는 인간 정신이 문제입니다.

인간의 죄 중에 가장 근본적인 뿌리와 같은 죄는 교만입니다. 수많은 사람들이 이 교만 때문에 자신의 인생을 파탄으로 몰고 갔습니다. 아담도 교만 때문에 선악과를 먹게 되었고, 교만 때문에 하나님의 말씀도 거역하게 되었습니다. 바벨탑을 쌓았던 사람들도 역시 신기술이 아니라 그것을 다루는 인간 정신이 하나님께 도전하는 것이었습니다.

1. 하나님과 견주려는 교만

바벨탑을 쌓은 사람들은 그들의 기술로 하나님과 견주었습니다. 그들은 '탑 꼭대기를 하늘에 닿게' 하려 했습니다. 고대사회에서 '하늘'은 곧 하나님과 동의어로 사용되었습니다. 하늘은 하나님의 처소입니다. 그런데 바벨탑을 쌓은 사람들은 하나님의 처소인 하늘에 올라가겠다고, 아니 그들 자신이 하나님이 되겠다고 탑을 쌓았습니다. 이처럼 바벨탑을 쌓은 것은 하나님의 권위에 대한 도전이었습니다. 인간은 하나님과 점점 멀어지면, 하나님께서 주신 기쁨과 감사가 사라지고, 필경은 하나님의 권위를 무시하고 하나님께 도전하게 됩니다. 바벨탑을 쌓았던 사람들은 이미 하나님과 멀어진 사람들이었습니다.

오늘날 발달된 과학기술문명, 이것이 문제가 아니라 그것을 다루는 사람들이 하나님을 모르는데 있습니다. 하나님을 모르고 과학기술이 발달하면, 그 과학이 하나님이 되어 버리고 맙니다. 바벨탑을 쌓은 사람들에게 하나님이 없으니 그 하나님의 자리에 그들의 기술이 앉았습니다. 하나님을 모르고, 인간 생명의 가치를 모르고, 인간 정신의 소중함을 모르면서 유전공학을 연구하고, 게놈프로젝트를 밝히고 하는 것이 문제입니다. 만약 그렇게 된다면 인간은 파멸하고 맙니다.

2. 자기 이름을 내려는 인간 중심의 교만

인간은 자기 이름을 드러내려고 하는 본능이 있습니다. 그래서 사람들은 자기 이름이 어디에 기록되는 것을 너무너무 좋아합니다. 하다못해 높은 산에 올라가 봐도 '아무개 왔다갔다'라고 써놓은 것을 볼 수 있습니다.

인간이 존재하는 이유는 하나님의 이름을 존귀하게 하는 것입니다. 우리는 오직 하나님께 영광을 돌려야 합니다. 하나님의 이름을 드러내려고 해야 합니다. 혹시 우리의 이름이 드러난다면, 그것은 하나님께서 드러내 주시는 것이어야 합니다. 하나님은 하나님의 이름을 존귀하게 하는 자들에게 그들의 이름을 창대하게 하겠다고 약속했습니다. 하나님을 올바로 섬기는 자는 하나님의 이름을 드러내고, 하나님께 영광을 돌리는 자의 이름을 하나님은 나타내시고 높이십니다.

3. 하나가 되는 근본은 하나님

탑을 건설하는 또 하나의 목적은 '흩어짐을 면하자'는 것입니다. 분열을

막자는 것입니다. 온 세계를 하나의 공동체로 만들자는 것입니다. 그러나 문제는 하나 됨의 뿌리, 하나 됨의 근거가 어디에 있느냐는 것입니다. 하나님을 아버지라고 부를 수 있을 때, 우리는 한 형제고 자매입니다. 하나님께 뿌리를 둘 때 전 인류는 한 공동체입니다. 온 인류는 하나님 안에서 하나입니다. 인간이 하나일 수 있는 이유는 뿌리가 같기 때문입니다.

그런데 오늘의 본문에서 '온 지면에 흩어짐을 면하자'는 근거가 어디에 있습니까? 높은 탑에 있습니다. 하늘에 닿을 듯한 높은 탑에 근거를 두고 있습니다. 또한 하나님의 이름이 아니라 '우리의 이름' 곧 사람의 이름에서부터 출발합니다. 이것은 하늘에서 난 것이 아니라 땅에서 난 것입니다. 하나님께 뿌리와 근거를 두지 않은 인간의 명성을 가지고 세계를 통일하려는 것은 그 어떤 것으로도 세계를 하나로 만들 수 없습니다.

"바벨"이라는 말은 '섞다, 혼잡케 하다'는 뜻을 가지고 있습니다. 인간의 교만은 이 세상을 혼란케 하는 것입니다. 하나님과 인간의 지혜와 기술을 분별 못하게 합니다. 가정에서도 내가 중심이 되는 것이 아니라 하나님이 주인이고 중심이 되어야 합니다. 사회도, 교회도 구심점은 오직 하나님이십니다. 하나님을 중심으로 하나가 되어야 합니다.

말씀을 생각하며

1. 오늘의 말씀에서 가장 마음에 남는 말씀은 어떤 말씀입니까?
   _____
   _____
   _____
   _____

2. 왜 그 말씀이 마음에 남습니까?
   _____
   _____
   _____
   _____

3. 오늘의 말씀을 읽고, 나의 신앙생활 속에서 고쳐야 할 점은 무엇입니까?
   _____
   _____
   _____
   _____

한 주간의 기도 제목

나 _____
가정 _____
교회 _____

제8과

순종하는 아브라함

성경 : 창 12:1-3
찬송 : 323, 347장

"여호와께서 아브람에게 이르시되 너는 너의 고향과 친척과 아버지의 집을 떠나 내가 네게 보여 줄 땅으로 가라 내가 너로 큰 민족을 이루고 네게 복을 주어 네 이름을 창대하게 하리니 너는 복이 될지라"(창 12:1-2)

신앙의 자유를 찾아 영국 플리머스 항을 떠난 청교도들이 매사추세츠 한 해안에 내려 그곳 이름을 뉴플리머스라 칭하고, 그곳에서 한 바위를 취하여 '꽈'이란 글귀를 새겨 넣고, 이것을 사람들은 '국가의 머릿돌'(Cornerstone of the Nation)이라고 부르고 있습니다. 미국이란 나라는 이렇게 청교도들의 신앙의 토대 위에 세워진 나라입니다. 오늘 우리들의 신앙은 어떤 토대 위에 세워져 있는가, 아브라함의 믿음을 통하여 생각해 보아야 하겠습니다.

1. 소명의식이 있는 믿음

'부르심을 받았다'는 것은 바로 소명의식, 곧 하나님이 나를 부르셨다는 확신입니다. 그것이 어떤 형태로 나타났든지, 자신의 심증으로, 자신의 양심으로, 어느 때, 어떤 환경에서 하나님이 나를 부르셨다고 하는 확신이 그 사람의 신앙생활의 기초석이 될 것입니다.

소명의식이란 마치 건축물에 비한다면 주춧돌과도 같아서, 어떤 건물이라도 기초석이 견고해야 하듯이 신앙생활의 무게를 지탱해 주는 것은 소명의식입니다.

"그러므로 누구든지 나의 이 말을 듣고 행하는 자는 그 집을 반석 위에 지은 지혜로운 사람 같으리니 비가 내리고 창수가 나고 바람이 불어 그 집에 부딪치되 무너지지 아니하나니 이는 주추를 반석 위에 놓은 까닭이요"(마 7:24-25)라고 주님이 말씀하셨습니다.

하나님은 왜 아브라함을 고향 땅에서 불러 내셨을까요? 그것은 거짓과 우상의 도시에서 나와서 복의 근원이 되게 하기 위한 것이었습니다. 만일 아브라함이 그때에 그곳에 그대로 있었더라면 오늘의 이라크와 같은 참상을 그 후손들이 겪어야 했을 것입니다.

2. 순종하는 믿음

대개 사람들이 정든 본토를 떠날 때에는 몇 가지 이유가 있습니다. 경제적인 문제, 정치적인 문제, 그리고 신앙적인 문제일 것입니다. 아브라함의 이민은 신앙의 문제였습니다. 왜냐하면 아브라함은 재산도 꽤 많이 있었기 때문입니다. 아브라함은 하란에서 모은 모든 소유와 얻은 사람들을 이끌고 가나안 땅으로 가려고 떠났습니다. 경제적인 이유 때문에 고향을 떠난 것은 아니었습니다. 그것은 신앙의 문제였습니다.

하란은 당대에도 국제 도시였기 때문에 돈벌이에 있어서는 하란이 훨씬 더 유리했을 것입니다. 그러나 아브라함은 오직 하나님의 말씀에 순종하여 고향 하란을 떠났습니다. 억지로 떠난 것이 아닌, 강요에 의해서도 아니라 자신을 포기하고 하나님의 말씀에 순종하는 이것이 아브라함의 신앙이었습니다.

그는 갈 바를 알지 못하고 나갔으나, 창세기 기자는 그가 "여호와의 말씀을 따라갔다"(창 12:4) 고 했습니다. 만일 내가 소명의식을 가지고 있다면, 지금 내가 어떤 환경과 어려움 속에 있더라도 이 길은 하나님께서 인도하시는 기업의 땅을 향해 가는 과정이라는 것을 믿어야 할 것입니다.

아마 아브라함이 거짓과 우상의 도시 하란을 떠날 때에 결심한 바가 있었을 것입니다. 나와 내 후손과 만민이 복 받고 사는 길은 참 하나님을 섬기고, 참 의의 길과 정의의 길을 걸어야 한다는 것이었을 것입니다.

3. 소명의 목적이 있는 믿음

아브라함의 기업은 '복의 근원'이었습니다. 복은 받아서 그 복을 이웃과 공유하는 것입니다. 하나님은 아브라함에게 복을 주시고 그 복을 만민과 함께 누릴 수 있는 길을 열기 위해서 그를 불렀던 것입니다.

청교도들이 미국의 기초를 신앙으로 세웠으나, 개척 과정에서 일부 정치가들의 시행착오로 많은 원주민들을 학살했습니다. 그것은 미국역사에 있어서 가장 불행한 역사였습니다. 그러나 이 풍요로운 대지를 인디언들의 손에 그대로 방치해 두었더라면, 오늘의 이 땅은 여전히 사람이 살수 없는 황무지와 사막으로 남아있었을 것입니다. 그러나 이런 시행착오가 있었음에도 불구하고, 미국은 청교도들의 신앙의 바탕 위에 있기 때문에 번영하여, 오늘날 세계에 많은 공헌을 하고 있는 것입니다.

우리도 아브라함의 신앙을 이어 받아 하나님의 말씀을 좇아 순종하는 신앙적 결단이 있어야 할 것입니다.

말씀을 생각하며

1. 오늘의 말씀에서 가장 마음에 남는 말씀은 어떤 말씀입니까?

2. 왜 그 말씀이 마음에 남습니까?

3. 오늘의 말씀을 읽고, 나의 신앙생활 속에서 고쳐야 할 점은 무엇입니까?

한 주간의 기도 제목

나
가정
교회

3월

더 높이 올라가는 신앙생활

◆

소돔과 고모라의 멸망

제물로 바쳐진 소년

장자권을 소중히 여긴 야곱

은혜의 사닥다리

바로의 꿈을 해석한 소년

제9과

소돔과 고모라의 멸망

성경 : 창 18:1-19:29
찬송 : 498, 499장

"여호와께서 하늘 곧 여호와께로부터 유황과 불을 소돔과 고모라에 비같이 내리사 그 성들과 온 들과 성에 거주하는 모든 백성과 땅에 난 것을 다 엎어 멸하셨더라"(창 19:24-25)

아브라함의 필사적인 노력에도 불구하고, 의인 열 명을 발견할 수 없어 불바다가 된 소돔과 고모라를 뒤로 하고 롯의 가족은 피신을 합니다. 롯의 아내는 뒤를 돌아보다가 소금기둥이 됩니다. 이미 그 성을 피해 나온 롯과 그의 딸들도 성공적인 삶을 살았다고는 말할 수 없는 지경에 이르렀습니다. 도덕적인 타락으로 인하여 잃은 소돔과 고모라의 기억도 잠시뿐 차마 할 수 없는 일을 저지르는 이 가문을 만나게 됩니다. 오늘은 소돔성을 탈출한 이들에게 나타난 사건들을 통하여 말씀하시는 주님의 음성을 듣고자 합니다.

1. 소돔성의 멸망

하나님은 하늘로부터 유황과 불을 비같이 소돔과 고모라에 내리셔서 그 성곽들과 성에 거하는 모든 백성과 땅에서 난 것을 다 멸하셨습니다. 이것은 그냥 일어날 수 있는 자연적인 현상이 아니라 하나님의 초자연적인 힘에 의해 이루어진 사건입니다. 심판은 오직 "여호와에게로서" 말미암는다는, 오직 하나님에 의해 이루어짐을 가르쳐 줍니다.

하나님의 심판은 누구도 피할 수 없고 누구도 예외가 없습니다. 또한 그릇되거나 편견이 있을 수도 없습니다. 소돔성의 심판도 이런 하나님의 의가 드러난 사건입니다.

소돔성의 멸망은 실제적인 사건입니다. 신화나 전설쯤으로 여기다가 진짜 그런 심판을 면하지 못할 상황에 닥쳐서는 안 됩니다. 지금도 성경은 계속 말세를 경고하고 있습니다. "그런즉 깨어 있으라 너희는 그 날과 그 때를 알지 못하느니라"(마 25:13)고 말씀하십니다. 우리가 해야 할 것은 깨어 있는 것입니다. 또한 언제 주님께서 다시 오실 지 알 수 없습니다. 소돔과 고모라의 멸망을 교훈 삼아 준비하고 깨어 있는 성도들이 됩시다.

2. 뒤를 돌아본 사람

소돔성을 탈출하는 과정에서 롯의 아내는 자신의 과거와 소유들에 미련을 가지고 뒤를 돌아본 고로 소금 기둥이 되었습니다. 뒤를 돌아보았다는 그 행동이 문제가 아니라 그 마음이 문제입니다. 몸은 소돔을 나오고 있지만 그 마음은 아직도 소돔의 재물에 남아있었던 것입니다.

하나님께서 버리라고 한 것을 붙잡고 있는 사람은 멸망당할 수밖에 없습니다. 롯의 모습은 지금 우리들의 삶의 모습이라고 할 수 있습니다. 얼마나 순간순간 뒤를 돌아보고 하나님의 명령을 어기고 있지 않습니까?

예수님께서는 "손에 쟁기를 잡고 뒤를 돌아보는 자는 하나님의 나라에 합당하지 아니하니라 하시니라"(눅 9:62)고 말씀하셨습니다. 하나님의 백성은 내가 생각하는 가치보다 하나님께서 제시하시는 가치에 눈을 돌릴 줄 아는 사람입니다. 롯의 처는 이런 면에서 볼 때 자신의 가치를 계속 고집하다가 멸망한 사람입니다. 우리는 이런 우를 범하는데 있어 롯의 처를 닮아서는 안 됩니다.

3. 롯 가문의 타락

소돔성을 빠져나와서 심판을 피한 롯의 딸들이 아버지와 동침하여 자손을 남기자는 생각을 했습니다. 그리고 아버지에게 술을 마시게 하고 동침

합니다. 이 딸들의 주도면밀함을 보면서 악한 사탄의 계략을 생각하지 않을 수 없습니다. 아마도 그들이 소돔과 고모라에서 살면서 자신들도 모르는 사이에 소돔성 사람들의 성적 타락을 보고 배운 것입니다. 지금도 악한 사탄은 이런 교묘한 방법을 통하여 인류 가운데 죄악을 심고 있습니다.

술은 우리로 하여금 사탄의 도구가 되게 유혹하는 수단이 됩니다. 그래서 사도 바울은 우리에게 "술 취하지 말라 이는 방탕한 것이니 오직 성령으로 충만함을 받으라"(엡 5:18)고 권면하십니다.

이런 타락의 결과로 얻은 아들들이 바로 모압과 암몬의 조상들입니다. "모압"은 '아버지로부터'란 뜻이고, "벤암미"는 '내 백성의 아들'이란 뜻입니다. 후에 모압족속은 그모스 신을 섬기는 우상국가가 되었고, 암몬 족속은 몰록 신을 섬기는 우상국가가 되었습니다. 이 두 족속은 두고 두고 이스라엘 백성을 괴롭히는 민족이 되었습니다.

사람에게는 좋은 환경이 필요합니다. 좋은 친구들과 어울리면 좋은 사람이 됩니다. 좋은 교인과 어울리면 좋은 신앙인이 됩니다. 좋은 이웃이 되기 위해 노력합시다. 좋은 성도가 되기 위해 노력합시다.

말씀을 생각하며

1. 오늘의 말씀에서 가장 마음에 남는 말씀은 어떤 말씀입니까?
   _____
   _____
   _____
   _____

2. 왜 그 말씀이 마음에 남습니까?
   _____
   _____
   _____
   _____

3. 오늘의 말씀을 읽고, 나의 신앙생활 속에서 고쳐야 할 점은 무엇
   입니까?
   _____
   _____
   _____
   _____

한 주간의 기도 제목

나 _____
가정 _____
교회 _____

제10과

제물로 바쳐진 소년

성경 : 창 22:1-19
찬송 : 213, 216장

"사자가 이르시되 그 아이에게 네 손을 대지 말라 그에게 아무 일도 하지 말라 네가 네 아들 네 독자까지도 내게 아끼지 아니하였으니 내가 이제야 네가 하나님을 경외하는 줄을 아노라"(창 22:12)

아브라함의 인생에서 두 번째로 인생을 바꾸는 계기가 되는 것이 오늘의 본문에서 나오는 100세에 얻은 독자 이삭을 하나님 앞에 드리기 위하여 모리아 산으로 가는 그 아픈 시험을 이기는 사건입니다.

하나님은 왜 이런 참혹한 시험을 하시는 것일까요? 만일 우리에게 사랑하는 아들을 제물로 바치라고 하면 그 마음이 어떨까요?

1. 하나님이 시험하시는 목적

하나님께서 아브라함을 부르실 때 큰 민족을 주시고 이름을 창대케 해 주시고 복의 근원이 되게 해 주시겠다는 약속을 주셨습니다. 그런데 아브라함의 삶은 그렇게 보이지 아니합니다. 아브라함은 조카 롯을 계속 데리고 다니며, 그에 대한 미련을 버리지 못하고, 또 하갈로부터 이스마엘을 출생시키는 등 실수 투성이었습니다. 그러나 약 40년이라는 세월 속에 하나님 앞에서 연단 된 아브라함을 하나님은 이제 그 약속하신 복을 주시려고 하시는 순간입니다.

시험이라는 단어는 세 가지의 다른 말이 있습니다. 우리말로는 같은 시험이지만 영어로는 '유혹'이라고 부르는 Temptation과, 사람들의 자격을 점검하는 Test, 그리고 시련이라고 하는 Trial이 있습니다. 아브라함에게 주시는 시험은 실족하여 넘어뜨리기 위한 유혹의 목적이 아니며, 또한 골탕이나 먹이고 아픔을 주기 위한 시련이 아니라, 복을 주시기 위한 시험(Test)이라는 사실을 잊어서는 안 됩니다. 하나님은 언제나 우리에게 세상보다 나를 더 사랑하느냐를 묻고 계시는 것입니다. 우리는 이것을 통과해야 합니다.

2. 순종하는 아브라함

아브라함은 아침에 일찍이 일어나 나귀에 안장을 지우고 두 사환과 그 아들 이삭을 데리고 번제에 쓸 나무를 쪼개어 가지고 하나님이 자기에게 지시하시는 곳으로 갑니다. 묵묵히 삼일 길을 걸어 모리아 산에 도달합니다. 철없는 아들은 아버지에게 번제로 드릴 제물은 어디에 있느냐고 묻습니다. 하나님은 이미 그를 대신하여 죽일 제물을 준비해 놓으시고 계십니다.

하나님은 아브라함이 세상 어떤 것보다 하나님을 더 사랑하는 믿음을 확인하고 싶으셨던 것입니다. 아브라함을 사랑하시는 하나님은 외아들 예수님을 희생하셨듯이, 이삭 대신 숫양 한 마리를 이미 예비해 놓으셨던 것입니다.

"사람이 감당할 시험밖에는 너희가 당한 것이 없나니 오직 하나님은 미쁘사 너희가 감당하지 못할 시험 당함을 허락하지 아니하시고 시험 당할 즈음에 또한 피할 길을 내사 너희로 능히 감당하게 하시느니라"(고전 10:13)고 분명히 말씀하십니다. 하나님은 사람이 감당할 시험 밖에는 주시지 아니 하십니다. 또한 시험당할 때 피할 길도 주시는 분이심을 기억하고, 그 시험을 이겨 내야 합니다.

3. 세상 끊고 하나님만 바라봐야

이삭은 아브라함에게 생명과도 같은 존재입니다. 그 아들을 포기하라는 말씀 안에는 이 세상을 포기하라는 말씀이 담겨져 있습니다. 사실 우리가 신앙생활을 하면서 힘이 드는 이유는 세상을 포기하지 못하기 때문입니다. 우리가 생명처럼 움켜잡는 것이 내게 참 평안과 안식을 주지는 못합니다.

우리가 하나님이 주시는 복을 누리지 못하는 이유 또한 세상의 것을 포기하지 못하는 데 있습니다. 더구나 세상과 하나님을 동시에 섬기려다가는 둘 다 놓치고 마는 결과를 가져옵니다.

그러므로 "한 사람이 두 주인을 섬기지 못할 것이니 혹 이를 미워하고 저를 사랑하거나 혹 이를 중히 여기고 저를 경히 여김이라 너희가 하나님과 재물을 겸하여 섬기지 못하느니라"(마 6:24)고 경고하십니다.

우리가 세상에서 구하는 모든 것들은 이미 하나님이 다 알고 우리를 위하여 준비해 놓으신 것들입니다. 우리는 그보다도 하나님의 나라와 의를 먼저 구해야 할 것입니다. 나의 삶에 무엇이 더 중요한가를 분명히 알고 구하면, 하나님은 우리에게 필요한 것을 풍성히 채워주시겠다는 약속의 말씀입니다. 이 약속의 말씀따라 믿음으로 승리하는 삶을 살아야 하겠습니다.

말씀을 생각하며

1. 오늘의 말씀에서 가장 마음에 남는 말씀은 어떤 말씀입니까?
   _____
   _____
   _____
   _____

2. 왜 그 말씀이 마음에 남습니까?
   _____
   _____
   _____
   _____

3. 오늘의 말씀을 읽고, 나의 신앙생활 속에서 고쳐야 할 점은 무엇입니까?
   _____
   _____
   _____
   _____

한 주간의 기도 제목

나 _____
가정 _____
교회 _____

제11과

장자권을 소중히 여긴 야곱

성경 : 창 25:24-34
찬송 : 435, 452장

"야곱이 이르되 형의 장자의 명분을 오늘 내게 팔라 에서가 이르되 내가 죽게 되었으니 이 장자의 명분이 내게 무엇이 유익하리요 야곱이 이르되 오늘 내게 맹세하라 에서가 맹세하고 장자의 명분을 야곱에게 판지라 야곱이 떡과 팥죽을 에서에게 주매 에서가 먹으며 마시고 일어나 갔으니 에서가 장자의 명분을 가볍게 여김이었더라"(창 25:31-34)

우리 주변에서 보면 쌍둥이가 아니더라도, 한 가정에 애들이 여럿 있어도 똑같이 자라나는 경우가 거의 없습니다. 한 배에서 나왔는데도 성향이 다릅니다.

우리는 이런 사실을 야곱과 에서라는 두 사람에게서도 발견합니다. 이런 두 사람 중에 인간적인 측면에서 객관적으로 본다면 남자답고 멋있고 그럴듯해 보이는 사람은 누구겠습니까? 에서일 것입니다. 이렇게 전혀 다른 두 스타일을 가진 쌍둥이 에서와 야곱을 대하는 부모의 태도에 문제가 많습니다.

1. 편애는 자녀에게 상처를 줍니다.

아버지 이삭은 에서의 사냥한 고기를 좋아하므로 그를 사랑하고, 어머니 리브가는 야곱을 사랑하였습니다. 아버지 이삭은 병약하고 소심한 야곱을 별로 좋아하지 않습니다. 반대로 씩씩하고 활달해서 자기가 좋아하는 고기를 늘 사냥해서 대접해 주는 에서를 좋아합니다. 어머니는 반대로 아버지에게 사랑을 받지 못하는 나약하고 병약한 야곱을 끼고 도는 것입니다. 여기에서 가정의 불행이 시작됩니다.

한 배에서 나온 자녀가 성격이 달라도 부모는 똑같이 사랑해야 합니다. 그러나 부모도 인간인지라 어쩔 수가 없습니다. 많은 자식 중에 특별히 더 사랑하는 자녀가 있어서 편애를 하기 마련입니다. 그것 때문에 자녀들은 상처를 받습니다.

한 사람의 일생에 상처를 주고 꽃 피지 못하게 만드는 것이 부모의 잘못된 편애입니다. 자녀는 편견과 편애 없이 똑같은 사랑을 받고 자라야 합니다. 여러분은 자녀에게 편견을 갖지 말고, 편애하지 않기를 바랍니다.

2. 영적 가치가 물적 가치보다 우선합니다.

편애를 받은 형제 사이에는 문제가 생기기 마련인 것입니다.

야곱이 죽을 쑤고 있을 때 마침 에서가 돌아왔습니다. 사냥에서 아무것도 얻지를 못했는지 몹시 피곤했다고 말합니다. 집에 돌아와 보니 동생이 팥죽을 끓이고 있었고, 배고픔을 견디지 못한 에서는 아주 조급하게 팥죽을 달라고 합니다.

야곱은 내성적이고 병약한 사람이며 형의 그늘에서 살아왔던 사람이지만 장자권의 명분이 얼마나 중요한지 알고 있었습니다. 야곱은 형을 육체적으로도 이길 수 없고, 장자의 축복을 순리적으로 받을 수 없음도 알았지만, 포기할 수도 없었습니다. 그런데 드디어 때가 온 것입니다. 형이 기진맥진해서 팥죽을 한 그릇 달라는 것입니다.

야곱의 관심은 팥죽도 아니고 형도 아닙니다. 야곱은 배가 고픈 형 에서에게 팥죽 한 그릇을 주면서 장자권을 자기한테 팔라고 말합니다. 에서는 영적이고 정신적인 가치를 소홀히 하고, 장자의 명분을 경홀히 여겼기 때문에 장자의 명분을 뺏겼고, 결국은 야곱한테 그 복이 넘어 가고 말았습니다.

3. 복은 하나님이 주시는 선물입니다.

야곱에게서 배워야 할 것이 또 하나 있습니다. 아무리 좋은 것도 인간적으로나 인위적으로는 얻어지지 않는다는 것입니다.

복은 하나님이 주십니다. 복은 빼앗아 오는 것이 아니라 하나님이 주실 때까지 기다려야 합니다. 무리수를 두면 복이 오지를 않습니다. 그러나 야곱은 무리수를 두었습니다. 인위적이고 인간적으로 이 복을 가져오려고 노력했던 것입니다. 진실로 인내와 기다림이 필요합니다. 끝까지 기다렸다가 이루어 낼 때 거기에 정신적이며 영적 가치가 생겨나는 것입니다.

야곱은 좀 더 기다려야 했고 정직한 마음으로 하나님을 신뢰했어야 했습니다. 그러나 그는 자기가 원하는 것을 얻기 위해 하나님의 시간을 기다리지 않았습니다. 야곱은 자기의 꾀와 수단과 방법을 개입시킨 것입니다.

성경에서 제일 못난 사람이 야곱입니다. 상처가 많고 사랑받기 힘든 사람이 야곱입니다. 그런데 이런 사람이 하나님의 사랑을 받았다는 것입니다. 여기에 우리의 희망과 소망이 있습니다.

영적인 것일수록 하나님께서 거저 주시는 은혜이고 선물임을 알아야 합니다.

말씀을 생각하며

1. 오늘의 말씀에서 가장 마음에 남는 말씀은 어떤 말씀입니까?
   _____
   _____
   _____
   _____

2. 왜 그 말씀이 마음에 남습니까?
   _____
   _____
   _____
   _____

3. 오늘의 말씀을 읽고, 나의 신앙생활 속에서 고쳐야 할 점은 무엇입니까?
   _____
   _____
   _____
   _____

한 주간의 기도 제목

나 _____
가정 _____
교회 _____

제12과

은혜의 사닥다리

성경 : 창 28:10-22
찬송 : 338, 549장

"꿈에 본즉 사닥다리가 땅 위에 서 있는데 그 꼭대기가 하늘에 닿았고 또 본즉 하나님의 사자들이 그 위에서 오르락내리락 하고 또 본즉 여호와께서 그 위에 서서 이르시되 나는 여호와니 너의 조부 아브라함의 하나님이요 이삭의 하나님이라 네가 누워 있는 땅을 내가 너와 네 자손에게 주리니 네 자손이 땅의 티끌같이 되어 네가 서쪽과 동쪽과 북쪽과 남쪽으로 퍼져나갈지며 땅의 모든 족속이 너와 네 자손으로 말미암아 복을 받으리라 내가 너와 함께 있어 네가 어디로 가든지 너를 지키며 너를 이끌어 이 땅으로 돌아오게 할지라 내가 네게 허락한 것을 다 이루기까지 너를 떠나지 아니하리라 하신지라"(창 28:12-15)

야곱은 간사한 계략으로 장자의 명분과 복을 받았으나 그로 인하여 상속받은 땅에 거하지 못하고 밧단아람으로 쫓겨 가게 됩니다. 야곱은 브엘세바를 떠나 하란을 향하여 가고 있었습니다. 그 길에서 그는 놀라운 경험을 하게 됩니다. 장자의 복을 받았으나 언약의 땅으로부터 쫓겨나는 야곱에게 여호와께서 꿈에 나타나 복을 주신 것입니다. 이는 야곱의 장자권을 인증하는 것이었습니다.

1. 꿈에 본 사닥다리

야곱이 브엘세바를 떠나 한 곳에 이르러 날이 저물자 한 돌을 취하여 베개하고 누워 잤습니다. 꿈에서 그 꼭대기가 하늘에 이르는 한 사닥다리가 나타납니다. 보니 하나님의 사자가 그 위에서 오르락내리락하고 있었습니다. 또 보니 여호와께서 그 위에 서서 말씀하십니다. 그리고 여호와께서는 자신을 아브라함과 이삭의 하나님으로 계시하시고 야곱에게 자손의 번성과 가나안 땅의 기업을 약속하십니다. 그리고 그 뜻을 이루시기까지 함께하며 지키실 것을 약속하십니다.

이는 하나님께서 자기 백성과 연합하여 동행하실 것을 계시하신 것입니다. 땅에서 하늘에 이르는 사닥다리와, 그 위에 하나님의 사자들이 오르락내리락 하는 것과, 그 위에서 여호와께서 말씀하시는 것은 다 하나님이 자기 백성과 교통하시는 길이 야곱 안에서 열렸음을 표현하는 것입니다. 하나님께서 야곱 안에서 그 후손과 함께하시며, 지키시며 교통하실 것을 보이신 것입니다.

2. 야곱의 서원

야곱이 잠을 깨어 그곳을 하나님의 전이요, 하늘의 문으로 말하고 있습니다. 왜냐하면 하나님이 친히 자신을 계시하신 곳이요, 자기 백성과의 교통을 나타내신 곳이기 때문입니다. 이에 야곱이 그 땅을 "벧엘"('하나님의 집'이라는 뜻)이라 명하였고, 자기가 베개하여 누웠던 돌을 세우고 기름을 부어 그 땅을 하나님의 전으로 거룩하게 구별합니다. 그리고 하나님과 교통하며 십의 일을 드려서 하나님께 봉사하며 섬기겠노라고 서원하였습니다.

그 서원의 내용은 하나님이 자신의 길을 인도하시고, 다시 약속의 땅으로 돌아오게 하시면 여호와께서 하나님이 되실 것이고, 돌기둥이 하나님의 전이 될 것이며, 반드시 십분의 일을 드리겠다는 내용입니다. 이러한 서원은 '하나님이 이렇게 해 주시면 나도 이렇게 하겠고 하는 조건을 붙여 거래하는 것'이 아니라 서원적인 신앙고백이었습니다.

3. 하나님의 약속

서원 기도를 드리는 야곱을 하나님은 인정하셨습니다. 그리고 하나님은 야곱에게 친히 말씀하셨습니다. "나는 여호와니 너의 조부 아브라함의 하나님이요 이삭의 하나님이라 네가 누워 있는 땅을 내가 너와 네 자손에게 주리니 네 자손이 땅의 티끌같이 되어 네가 서쪽과 동쪽과 북쪽과 남쪽으로 퍼져나갈지며 땅의 모든 족속이 너와 네 자손으로 말미암아 복을 받으리라 내가 너와 함께 있어 네가 어디로 가든지 너를 지키며 너를 이끌어 이 땅으로 돌아오게 할지라 내가 네게 허락한 것을 다 이루기까지 너를 떠나지 아니하리라 하신지라"(창 28:13-15)

사닥다리에 서 계신 하나님은 야곱의 생애에 무한한 능력과 원천과 자원을 공급해 주셨습니다. 하나님께서 택하신 자녀는 그 앞길을 보장하십니다. 땅을 자손에게 허락하시고, 어디로 가든지 함께 하시며 지켜 주신다고 약속하십니다. 그리고 어떠한 경우에도 버리지 아니하시고 하나님의 집으로 인도하여 주신다고 말씀하십니다. 더 나아가 우리에게 허락하신 것을 다 이루시기까지 떠나지 않으시겠다고 말씀하십니다.

야곱은 험한 세월을 보내면서도, 결코 굴하지 않고 모든 역경을 이겨내고, 이스라엘 열두 지파의 조상이 된 것은 바로 하나님의 힘이었고, 보호였고, 능력이었습니다.

여러분도 하나님의 사닥다리의 꿈을 꾸십시오. 하나님께서 믿음의 사닥다리, 기도의 사닥다리를 통해 창문을 여시고 우리의 기도를 들어 주실 것입니다.

말씀을 생각하며

1. 오늘의 말씀에서 가장 마음에 남는 말씀은 어떤 말씀입니까?
   _____
   _____
   _____
   _____

2. 왜 그 말씀이 마음에 남습니까?
   _____
   _____
   _____
   _____

3. 오늘의 말씀을 읽고, 나의 신앙생활 속에서 고쳐야 할 점은 무엇입니까?
   _____
   _____
   _____
   _____

한 주간의 기도 제목

나 _____
가정 _____
교회 _____

제13과

바로의 꿈을 해석한 소년

성경 : 창 41:17-36
찬송 : 359, 383장

"요셉이 바로에게 아뢰되 바로의 꿈은 하나라 하나님이 그가 하실 일을 바로에게 보이심이니이다 일곱 좋은 암소는 일곱 해요 일곱 좋은 이삭도 일곱 해니 그 꿈은 하나라 그 후에 올라온 파리하고 흉한 일곱 소는 칠 년이요 동풍에 말라 속이 빈 일곱 이삭도 일곱 해 흉년이니 내가 바로에게 이르기를 하나님이 그가 하실 일을 바로에게 보이신다 함이 이것이라"(창 41:25-28)

애굽 왕 바로는 너무나 선명하고 분명한 꿈을 꾸고 번민하고 괴로워하며, 애굽의 모든 술객들과 박사들을 불러서 자신이 꾼 꿈을 해석하라고 합니다. 하지만 이 꿈을 해석한 사람은 아무도 없었습니다. 그때 바로의 술 맡은 관원장이 2년 전 감옥에서의 사건을 회상하고, 히브리 소년 요셉을 바로 왕에게 소개하게 되었습니다.

1. 꿈의 해석자는 하나님

왕은 요셉에게 이렇게 말합니다. "내가 너무나 충격적인 꿈을 꾸었는데, 해석이 되지 않아서 이렇게 내가 매일매일 번민하여 죽게 되었다. 네가 꿈을 잘 해석한다고 하는데, 내 꿈을 해석할 수 있겠느냐"고 물었습니다. 요셉은 왕의 꿈 이야기를 들어 보기 전에 "꿈을 해석하는 것은 내가 아닙니다. 하나님께서 바로 왕에게 평안한 해답을 주실 것입니다"라고 말했습니다. 꿈의 해석자는 인간이 아니라, 하나님이시라는 것입니다.

점치는 사람들이나 꿈을 해석하는 사람들은 귀신의 힘을 빌려서 점을 치고 꿈을 해석하고 예언합니다. 그러나 꿈의 해석자는 하나님이시고, 역사의 주관자도 하나님이시고, 미래를 결정하시는 분도 하나님이십니다. 우리의 미래는 하나의 운명에 띄워진 배가 아닙니다. 그것은 하나님의 구체적인 계획과 섭리 속에서 이루어진 '예정'이라는 것입니다.

2. 바로의 두 가지 꿈

바로 왕의 꿈은 이런 것입니다. 자신이 나일 강가에 서 있었는데, 아주 살지고 아름답고 건강한 암소 일곱이 올라와서 풀을 뜯어먹고 있었다는 것입니다. 그런데 그 뒤에, 자신이 애굽에서 한 번도 본 적이 없는 약하고 흉악하고 파리한, 괴물 같은 일곱 암소가 올라오더니, 그 건강하고 살진 암소를 잡아먹고도 안 먹은 것처럼 하고 있었다는 것입니다. 너무 놀라서 왕이 잠에서 깨었다가 또 잠이 들었습니다. 두 번째 꿈은 또 다른 형태의 꿈입니다. 아주 건강하고 무성한 줄기가 있는 일곱 이삭이 나왔는데, 그 뒤에 흉악하고 깡마른 이삭 일곱이 나오더니 건강한 이삭을 집어 삼켰다는 것입니다.

하나님의 꿈을 보여주실 때는, 하나님이 어떤 의도를 가지고 그 사람에게 계시하거나 꿈을 보여주신다는 사실입니다. 이것은 앞으로 애굽에 있을 일들을 미리 하나님께서 보여주신 것입니다. 또 하나는, 하나님의 꿈은 하나님의 종에게만 보여주시는 것이 아니라, 바로 왕과 같은 이방인에게도 보여주신다는 것입니다. 그리고 하나님이 보여주신 꿈은 이방인들이 꿀 수는 있으나 해석은 되지 않는다는 것입니다. 그 해석은 하나님의 종만이 가능합니다. 그리고 요셉이 바로의 꿈을 해석할 때 지체치 않고 즉각 해석을 할 수 있는 것은 성령의 역사입니다. 성령께서 그 즉시 해석하도록 도와주시는 것입니다.

여러분도 하나님의 일을 할 때, 이럴 것인가, 저럴 것인가 고민하거나, 문제가 해결되지 않았을 때에는 처음 예수님 믿었을 때, 처음 은혜 받았을 때, 처음 기도할 때로 돌아가서 성령님의 도우심을 받아야만 합니다.

3. 요셉의 대안

　요셉은 꿈만 해석해 주지 않고 대안까지 이야기합니다. 요셉이 제시한 첫 번째 대안은 명철하고 지혜로운 사람을 세우라는 것입니다. 두 번째 대안은 그에게 애굽 땅을 치리하게 하고, 풍년과 흉년을 예비하게 하라는 것이며, 세 번째 대안은 풍년이 왔을 때, 모든 국민들이 낭비와 사치하지 않게 하고, 20%의 세금을 거두게 하라는 것이었습니다.

　어떤 사람은 주장만 하지 대안이 없습니다. 이런 사람은 똑똑한 척하지만 문제만 일으킵니다. 그러나 요셉은 해석뿐 아니라 대안까지 제시합니다. 이런 사람이 교회에는 필요하고, 또한 인정받는 사람이 됩니다. 요셉이 이러한 일을 할 수 있었던 것은 하나님의 명철과 탁월한 지혜를 입었기 때문입니다.

　하나님의 지혜는 세상이 감당하지 못합니다. 성령의 은사 가운데 이러한 영적인 통찰력과 지혜가 있다는 것을 기억하고, 이러한 영적인 통찰력과 이해력을 가지고 하나님의 일을 현명하게 감당해 나갈 수 있는 구역식구들이 되기를 바랍니다.

말씀을 생각하며

1. 오늘의 말씀에서 가장 마음에 남는 말씀은 어떤 말씀입니까?
   _____
   _____
   _____
   _____

2. 왜 그 말씀이 마음에 남습니까?
   _____
   _____
   _____
   _____

3. 오늘의 말씀을 읽고, 나의 신앙생활 속에서 고쳐야 할 점은 무엇 입니까?
   _____
   _____
   _____
   _____

한 주간의 기도 제목

나 _____
가정 _____
교회 _____

4월

받은 은혜를 증거하는 삶

◆

모세의 인생 3단계

사라지지 않는 불

애굽의 열 가지 재앙

하나님과 함께하라

제14과

모세의 인생 3단계

성경 : 출 1:8-2:10
찬송 : 383, 549장

"바로의 딸이 그에게 이르되 이 아기를 데려다가 나를 위하여 젖을 먹이라 내가 그 삯을 주리라 여인이 아기를 데려다가 젖을 먹이더니 그 아기가 자라매 바로의 딸에게로 데려가니 그가 그의 아들이 되니라 그가 그의 이름을 모세라 하여 이르되 이는 내가 그를 물에서 건져내었음이라 하였더라"(출 2:9-10)

모세의 인생은 1살부터 40살까지, 40살에서 80살까지, 80살에서 120살까지 세 단계로 나누어 볼 수 있습니다. 사람은 이 세상에 태어나서 10번 이상 변한다고 합니다. 그런데 우리가 성령의 능력을 받고 거듭나면 그 후부터는 영원까지 변하지 않습니다. 하나님을 바라보고 믿음으로 살면 변하지 않습니다. 그런데 은혜 받지 못하면 어제 가졌던 마음을 오늘도 갖지 못하고 어제와 오늘이 달라지는 인생이 되고 맙니다.

1. 모세의 1단계 인생

모세는 1단계 인생이 참 험악했습니다. 애굽 왕은 히브리 민족을 멸하려고 히브리인의 가정에서 남자 아이가 나면 산파에게 죽이라고 명령한 때에 모세가 태어났습니다. 그런데 모세의 모친이 삼 개월 동안 숨겨서 키웠습니다. 삼 개월을 숨겨 키웠지만 더 이상 숨겨서 기를 수가 없어서 갈대 상자에 넣어 가지고 나일 강에 떠내려 보내게 되었습니다.

모세의 누이가 모세가 어떻게 되나 멀리서 보고 있습니다. 그때 마침 왕궁의 바로의 딸 공주가 목욕하려고 나일강에 나왔다가 떠내려 오는 갈대 상자를 보고 건져 보니, 그 속에 아이가 있는 것입니다. 하나님께서 그 시간 공주의 마음에 아이를 사랑하는 마음, 데려다가 키우고 싶은 마음을 주셨습니다. 이때 누이가 나타나서 젖이 필요한 아이에게 유모가 필요하다며 어머니를 소개했습니다. 바로의 공주는 그 아기를 자기의 아들로 삼고, 물에서 건져내었다고 해서 모세라는 이름을 지어주었습니다.

모세는 애굽의 왕궁에서 공부도 많이 하고 무술을 많이 배워서 성장하기까지 연단을 철저히 받았습니다. 이것이 모세의 1단계 인생입니다. 오늘 우리에게도 이러한 인생의 1단계가 있습니다. 1단계는 가정환경, 특히 부모의 영향을 많이 받습니다. 부모들이 자녀들에게 신앙의 모범이 되어야 하겠습니다.

2. 모세의 2단계 인생

모세는 비록 위험한 시대에 태어났지만 바로의 궁전에서 살게 된 것은 하나님이 정하신 일입니다. 요한복음 15:16을 보면, "너희가 나를 택한 것이 아니요 내가 너희를 택하여 세웠나니"라고 말씀하십니다. 하나님이 모세를 택한 것처럼 우리도 택한 줄을 믿습니다. 모세는 유모인 친어머니의 교육을 받으면서, 자신이 히브리 민족이라는 사실을 알게 되었습니다. 어느 날 모세가 애굽 사람이 히브리인들을 학대하는 것을 보고, 동족을 학대하는 애굽 사람을 죽이고 땅에 묻어 버렸습니다. 그 이튿날 또 나가 보았더니 이스라엘 사람들끼리 싸우는 것을 보았다. 이를 보고 말리니 이스라엘 사람이 자신도 죽일까봐 소리를 질러 모세의 살인사건이 알려지게 되었고, 모세는 애굽에서 광야로 도망치게 되었습니다.

광야 생활 중 모세는 미디안 제사장 이드로의 딸과 결혼을 하였습니다. 그리고 아들, 딸을 낳고 가족을 위해서 양을 치는 일을 했습니다. 모세의 2단계 인생은 가정을 이루는 단계였습니다. 우리도 하나님이 이루어 주신 가정을 잘 보살필 수 있어야 하겠습니다.

3. 모세의 3단계 인생

모세가 하루는 양을 몰고 가는데, 산 위의 가시덤불에 불이 붙은 것을 보았습니다. 모세는 호기심에 그 곳으로 올라갔습니다. 그 때 그 불꽃 가운데서 "모세야 여기는 거룩한 땅이니 신을 벗으라"는 하나님의 음성을 들었습니다.

하나님이 모세에게 말씀하시기를, "내가 내려가서 그들을 애굽인의 손에서 건져내고 그들을 그 땅에서 인도하여 아름답고 광대한 땅, 젖과 꿀이 흐르는 땅 곧 가나안 족속, 헷 족속, 아모리 족속, 브리스 족속, 히위 족속, 여부스 족속의 지방에 데려가려 하노라"(출 3:8)고 하셨습니다.

모세의 인생 3단계는 하나님을 만난 것이었습니다. 우리도 하나님을 만나기를 원합니다. 하나님을 만나고, 하나님의 일을 위하여 부르심을 받은 모세처럼, 우리도 하나님의 일을 맡아 충성하는 백성들이 되기를 원합니다. 복음의 능력의 신을 신고, 성령의 능력을 힘입어 복음 전파를 위하여 살아가는 인생이 되기를 원합니다.

말씀을 생각하며

1. 오늘의 말씀에서 가장 마음에 남는 말씀은 어떤 말씀입니까?
   _____
   _____
   _____
   _____

2. 왜 그 말씀이 마음에 남습니까?
   _____
   _____
   _____
   _____

3. 오늘의 말씀을 읽고, 나의 신앙생활 속에서 고쳐야 할 점은 무엇입니까?
   _____
   _____
   _____
   _____

한 주간의 기도 제목

나 _____
가정 _____
교회 _____

제15과

사라지지 않는 불

성경 : 출 3:1-12
찬송 : 323, 552장

"모세가 그의 장인 미디안 제사장 이드로의 양 떼를 치더니 그 떼를 광야 서쪽으로 인도하여 하나님의 산 호렙에 이르매 여호와의 사자가 떨기나무 가운데로부터 나오는 불꽃 안에서 그에게 나타나시니라 그가 보니 떨기나무에 불이 붙었으나 그 떨기나무가 사라지지 아니하는지라"(출 3:1-2)

어느 날 모세가 양을 치고 있었는데 광야 서편의 호렙산 중턱에 이상한 것이 보여서 그곳까지 올라가 보았습니다. 가시떨기 나무에 불이 붙었는데 나무는 타지 않으며, 불도 꺼지지 않는 것입니다. 모세가 이상히 여겨 지켜보고 있는데, 꺼지지 않는 가시떨기 불꽃 속에서 모세를 부르는 하나님의 음성이 들렸습니다.

1. 그 불은 가시떨기 나무 위에 붙어 있었습니다.

가시떨기 나무는 '아카시아'라고 불리는 나무인데, 시내광야에서 흔히 발견되는 일종의 가시덤불입니다. 이 나무는 고상하고 단단한 나무와는 대조적으로 아주 볼품없고 쓸모없는 나무입니다. 이 가시떨기 나무는 노예로 전락하여 곤핍하고 메마른 생활을 하고 있는 이스라엘 백성들을 상징한다고 볼 수 있으며, 불이 붙은 것은 환난과 핍박을 받고 있는 처참한 상태를 상징하고 있습니다. 이스라엘은 애굽이라고 하는 거대한 강대국의 발밑에서 신음소리도 제대로 내지 못하고 메마르고 건조한 생활을 하고 있는 것이 바로 가시떨기 나무와 같습니다. 그러나 이스라엘은 자신의 처지까지도 제대로 인식하지 못하고 있었습니다.

바울은 우리 인생을 질그릇에 비유하고 있습니다. 질그릇은 연약한 존재입니다. 깨지기 쉽고, 상처 입기 쉽고, 그 가치에 있어서도 형편없는 존재 말입니다. 인생은 자신이 바로 보여질 때에 소망이 있습니다. 혹시 여러분은 그러한 경험을 해 본적이 없습니까? 그러한 고통 속에서 살고 있는 분이 있을 수 있다고 생각됩니다. 혹시 그런 분이 있다면 실망할 필요가 없습니다. 왜? 실망하지 않습니까? 다음에서 그 해답을 얻을 수 있습니다.

2. 그 불이 그 나무를 태우지 않고 있었습니다.

나무 위에 불은 붙었는데 그 불이 나무를 태우지는 않았습니다. 불이란 가연성의 물질을 태우는 특징이 있는데 말입니다. 이는 비록 애굽에서 고통하며 신음하고 있으나 이스라엘은 멸망당하지 아니하며, 하나님의 구원의 손길로 인하여 자유와 해방을 얻게 될 것임을 보여주고 있습니다.

이사야는 "야곱아 너를 창조하신 여호와께서 지금 말씀하시느니라 이스라엘아 너를 지으신 이가 말씀하시느니라 너는 두려워하지 말라 내가 너를 구속하였고 내가 너를 지명하여 불렀나니 너는 내 것이라 네가 물 가운데로 지날 때에 내가 너와 함께할 것이라 강을 건널 때에 물이 너를 침몰하지 못할 것이며 네가 불 가운데로 지날 때에 타지도 아니할 것이요 불꽃이 너를 사르지도 못하리니"(사 43:1-2)라고 했습니다.

사도 바울은 고린도 교회 성도들에게 이렇게 위로하고 있습니다. "우리가 사방으로 우겨쌈을 당하여도 싸이지 아니하며 답답한 일을 당하여도 낙심하지 아니하며 박해를 받아도 버린 바 되지 아니하며 거꾸러뜨림을 당하여도 망하지 아니하고 우리가 항상 예수의 죽음을 몸에 짊어짐은 예수의 생명이 또한 우리 몸에 나타나게 하려 함이라"(고후 4:8-10)고 했습니다.

믿는 자들은 없는 자 같으나 있는 자요, 버림받은 자 같으나 택함을 입은 자들이요, 연약한 자 같으나 강한 자들이요, 죽은 자 같으나 산자들입니다. 지금 여러분이 세상에서 버림받고 상처받고 신음하고 있습니까? 낙심하지 마시기 바랍니다. 사랑이 풍성하신 우리의 아버지, 나의 아버지가 함께하십니다.

3. 이 불은 결코 평범한 불이 아니었습니다.

불은 성경에서 하나님을 우리에게 계시하는 상징으로 사용되었습니다. 특히 불은 구름이나 바람과 함께 하나님의 임재하심을 나타낼 때에 많이 보여주셨습니다.

엘리야 때에 갈멜산에 내린 능력의 불이 있습니다. 갈멜산에서 바알 선지자와 아세라 선지자 850인과 불이 내리는 시합을 하여 불이 내리는 신이 참 신이라는 것을 증명하는 일이었습니다.

초대교회 마가의 다락방에 내린 성령의 불이 있습니다. 예수님께서 승천하신 후에 약속하신 성령님이 마가의 다락방에서 기도하는 120여명의 사람들에게 내렸습니다.

구약시대에 성전의 번제단에는 항상 피워 있는 기도의 불이 있었습니다. 하나님께서는 그 불이 꺼지지 않도록 하셨습니다. 기도의 불이 있는 곳에 하나님의 응답이 임합니다. 이사야가 성전에서 기도를 하다가 입술에 받은 숯에 핀 성결의 불이 있습니다. 그 불이 이사야에게 임하여 이사야의 모든 죄를 완전히 태워 버렸습니다.

여러분이 가시떨기요, 여러분에게 꺼지지 아니하는 성령의 불이 임하여야 하겠습니다.

말씀을 생각하며

1. 오늘의 말씀에서 가장 마음에 남는 말씀은 어떤 말씀입니까?
   _____
   _____
   _____
   _____

2. 왜 그 말씀이 마음에 남습니까?
   _____
   _____
   _____
   _____

3. 오늘의 말씀을 읽고, 나의 신앙생활 속에서 고쳐야 할 점은 무엇입니까?
   _____
   _____
   _____
   _____

한 주간의 기도 제목

나 _____
가정 _____
교회 _____

제16과

애굽의 열 가지 재앙

성경 : 출 7:6-12:20
찬송 : 290장

"너희는 무교절을 지키라 이 날에 내가 너희 군대를 애굽 땅에서 인도하여 내었음이니라 그러므로 너희가 영원한 규례로 삼아 대대로 이 날을 지킬지니라 첫째 달 그 달 열나흗날 저녁부터 이십일일 저녁까지 너희는 무교병을 먹을 것이요 이레 동안은 누룩이 너희 집에서 발견되지 아니하도록 하라 무릇 유교물을 먹는 자는 타국인이든지 본국에서 난 자든지를 막론하고 이스라엘 회중에서 끊어지리니 너희는 아무 유교물이든지 먹지 말고 너희 모든 유하는 곳에서 무교병을 먹을지니라"(출 12:17-20)

하나님께서는 이스라엘 백성을 '내 백성'이라고 지칭하십니다. 그리고 네 번째 파리 재앙부터는 이스라엘 백성들에게는 재앙이 임하지 않습니다. 이로써 바로의 백성과 하나님의 백성을 구분하십니다. 그리고 그들을 시내산 가운데로 인도하십니다. 그러므로 열 가지 재앙을 이해하는 데 있어서 '내 백성을 보내라'는 하나님의 메시지는 매우 중요한 열쇠라고 말할 수 있습니다.

1. 열 가지 재앙의 성격

하나님께서 이스라엘을 내 백성이라고 말씀하시는 것은 지금 열 가지 재앙의 성격을 분명하게 말해 줍니다. 즉, 열 가지 재앙은 하나님께서 백성을 바로의 압제에서 구원하시기 위해 벌이시는 하나님의 전쟁이라는 것입니다. 결국 열 가지 재앙은 하나님께서 그 백성을 구원하기 위해서 사용하시는 무기의 성격을 띠고 있습니다. 그러므로 이 전쟁은 가시적으로는 모세와 바로 사이에 벌어지고 있지만, 사실은 하나님과 사탄 사이에 벌어지고 있는 영적인 전쟁입니다. 다시 말해서, 하나님의 구원 역사를 위하여 당신의 백성들을 선택하시고, 그들을 구별하여 내시기 위한 싸움이라는 것입니다. 이 싸움은 하나님께서 시작하시고, 하나님께서 인도하시며, 하나님께서 최종적으로 승리하신 싸움이라고 말할 수 있습니다.

이런 일은 우리 교회에서도 동일하게 일어나고 있는 영적인 전쟁을 이해하는 중요한 단서를 제공해 줍니다. 우리는 이 영적인 전쟁을 구체적인 형태의 정치적인 전쟁으로 치환해서는 안 됩니다. 예를 들어 미국과 이라크의 전쟁을 영적 전쟁으로, 하나님의 전쟁으로 잘못 적용해서는 안 됩니다. 거기에는 인간들의 탐욕과 욕심이 개입되어 있는 인간의 전쟁입니다.

2. 하나님의 전쟁

하나님의 전쟁은 혈과 육의 싸움이 아닙니다(엡 6:12). 이 싸움은 하나님을 대적하는 사상과 사탄과 그 악한 영들과의 싸움입니다. 하나님의 전쟁은 하나님의 백성을 구원하시기 위한 것입니다. 사탄은 바로와 같이 하나님께 저항합니다. 사탄의 저항은 매우 끈질기고, 집요하며, 타협적입니다.

바로는 열 번째 재앙으로 자신의 장자를 잃어버리기까지 결코 이스라엘 백성을 놓아주지 않습니다. 재앙의 강도가 더해질 때마다 바로는 이스라엘 백성을 놓아줄 것처럼 대응합니다. 둘째 재앙 개구리 재앙이 일어나자 바로는 이스라엘 백성을 보내고 하나님께 제사 지낼 수 있게 하겠다고 합니다. 그러나 다시 마음을 완강하게 합니다. 넷째 파리 재앙 때에는 이스라엘 백성을 보내되 멀리 가지 말라는 단서를 답니다. 그러나 또한 마음을 바꿉니다. 일곱째 우박 재앙 때 피해가 극심하자 "이번은 내가 범죄하였노라 여호와는 의로우시고 나와 나의 백성은 악하도다"(출 9:27)라고 말하지만, 다시 말을 바꿉니다. 여덟 번째 재앙 메뚜기 재앙 때 그는 보내주기는 하겠지만 장정만 가라고 합니다. 아홉 번째 재앙 흑암 재앙 때는 사람은 가지만,

양과 소는 두고 가라고 합니다.

  이처럼 오늘날도 사탄은 하나님이 선택하셔서 자기 백성 삼으신 사람들을 놓아 주기를 기뻐하지 않습니다.

3. 하나님의 선택

  하지만 하나님이 선택하신 사람은 이미 하나님의 사람이요, 영원한 하나님의 백성입니다. 여기에는 타협이란 없습니다. 그러나 우리가 하나님의 선택하신 백성을 교회로 인도하는 데는 사탄의 전술을 알아야 합니다.

  사탄은 한 사람을 쉽게 내어주지 않습니다. 집요하게 방해하고, 회유하고, 타협안을 제시할 때, 과연 이들을 하나님께로 인도할 수 있을까 의심하지 말아야 할 것입니다. 왜냐하면, 하나님께서 이미 승리하셨기 때문입니다. 이미 싸움은 끝난 것입니다. 다만, 사탄은 저항하며 타협하려고 할 뿐입니다.

  우리들이 하나님의 구원의 자유에 이른 것은 하나님께서 먼저 우리를 당신의 백성으로 선택하시고, 구별하여 주셨기 때문입니다. 그것은 일방적인 하나님의 은혜입니다. 그 은혜는 지금도 당신의 택하시고 인도하시는 사람들 가운데 나타나고 있습니다. 우리가 이 하나님의 은혜의 역사를 확신하는 가운데, 부지런히 하나님께서 준비하신 사람들을 찾아 하나님께로 돌아올 수 있도록 힘써야 하겠습니다.

말씀을 생각하며

1. 오늘의 말씀에서 가장 마음에 남는 말씀은 어떤 말씀입니까?

   _____
   _____
   _____
   _____

2. 왜 그 말씀이 마음에 남습니까?

   _____
   _____
   _____
   _____

3. 오늘의 말씀을 읽고, 나의 신앙생활 속에서 고쳐야 할 점은 무엇입니까?

   _____
   _____
   _____
   _____

한 주간의 기도 제목

나 _____
가정 _____
교회 _____

제17과

하나님과 함께하라

성경 : 출 14:17-20
찬송 : 302, 585장

"이스라엘 진 앞에 가던 하나님의 사자가 그들의 뒤로 옮겨 가매 구름 기둥도 앞에서 그 뒤로 옮겨 애굽 진과 이스라엘 진 사이에 이르러 서니 저쪽에는 구름과 흑암이 있고 이쪽에는 밤이 밝으므로 밤새도록 저쪽이 이쪽에 가까이 못하였더라"(출 14:19-20)

홍해사건은 애굽 사람에게는 멸망이요, 이스라엘 백성에게는 구원을 의미합니다. 동일한 사건으로 구원과 복이 되는 사람이 있고, 사망과 저주가 되는 사람이 있습니다. 하나님께 속한 자는 모든 상황에서 구원이 나타나지만, 하나님께 속하지 아니한 자는 저주와 멸망이 올 뿐입니다.

이와 같이 하나님이 예수 그리스도를 세상에 보내신 것은 세상을 심판하려 하심이 아니라, 구원받게 하려 하심이었으나, 저를 믿지 아니함으로 이미 심판을 받은 상태에 처해진 것입니다. 하나님이 보내신 독생자로 인하여 구원이 확정 된 자와 심판이 확정 된 자로 나뉘게 되는 것입니다. 홍해사건은 하나님에 의하여 영생을 얻은 자와 사망에 처해진 자가 나뉘는 심판의 갈림길이 되었던 것입니다.

1. 마음의 동행

하나님께서는 길을 열기도 하시고 막기도 하십니다. 홍해에서도 광야에서도 언제 어디서나 하나님에 의하여 길은 열릴 수도, 닫힐 수도 있습니다. 상황과 환경에 관계없이 하나님과 함께 가면 언제나 형통할 수 있습니다.

하나님은 영이십니다. 먼저 영적인 동행이 이루어져야 합니다. 구원과 함께하심의 증거와 근거는 말씀입니다. 요한복음 15:7에서 예수님은 "너희가 내 안에 거하고 내 말이 너희 안에 거하면 무엇이든지 원하는 대로 구하라 그리하면 이루리라"고 하셨습니다. 내가 주님 안에, 주님이 내 안에 계신 증거는 주님의 말씀이 내 안에 있는 것입니다. 그 말씀이 내 안에 있되 죽어 있는 것이 아니라 살아 있어야 합니다(벧전 1:23).

하나님의 말씀이 내 안에 살아 있는 증거는 이렇습니다. 하나님께서 기뻐하시는 바가 나도 기뻐하는 바요, 하나님께서 원하시는 바가 나도 원하는 바요, 내 안에 그 뜻대로 행하고자 하는 강한 열망이 있는 상태입니다(빌 2:13). 하나님의 말씀과 생각이 내 생각을 지배하는 상태로서 생명과 평강 가운데 있는 것을 말합니다. 내 뜻대로 하나님의 말씀을 좌지우지하는 것이 아니라 하나님의 말씀이 내 마음을 사로잡아 이끌어 가시는 상태를 말하는 것입니다.

2. 기도의 동행

말씀 안에 있으면 하나님 뜻대로 살고자 하는 강한 열망이 있게 됩니다. 하나님 뜻대로 살고자 하면 하나님의 인도하심을 받아야 합니다. 하나님의 인도하심을 받고자 하면 항상 기도를 앞세워야 합니다. 일을 시작하기 전에 하나님께 기도로 인도함 받는 자세가 되어야 합니다. 모세는 반드시 하나님께 먼저 묻고 움직이기 시작했습니다.

또한 기도는 결정된 내 뜻을 이루기 위한 수단이 아닙니다. 하나님의 뜻을 알고, 하나님의 뜻을 기다리는 것입니다. 기도는 특정 사건만을 위해 있는 것이 아닙니다. 기도는 지속적인 하나님과의 관계 유지요, 지속적인 하나님의 인도하심을 받는 것입니다. 쉬지 말고 기도해야 하는 중요한 이유가 여기에 있습니다.

기도는 하나님의 사람과 아닌 사람을 구별하는 기준이 됩니다. 기도는 나의 길을 열고, 적(원수)의 길은 막아 버리며, 기도는 나를 강하게 무장시키는 반면 적은 무장해제 시킵니다. 그러므로 기도하는 사람을 이길 수 없는 것입니다. 기도의 사람 엘리야를 아합 왕이 이길 수가 없었고, 하나님의 백성을 바로의 군대가 이길 수가 없었습니다. 따라서 기도는 나에게는 생명과 승리요, 마귀에게는 사망과 패배입니다.

3. 행동의 동행

낱말의 앞뒤를 바꾸면 행동이 동행이 되고, 동행이 행동이 됩니다. 하나님과의 동행은 말로써가 아니라 실제 삶속에서, 항상 하나님과 함께 행동함을 말합니다. 기도로 하나님의 인도하심을 구했다면 행동으로 옮겨야 합니다. 영적 구원 후의 육적 구원은 현실의 환경 가운데 나타나게 되는데, 반드시 행동함으로써 나타나게 됩니다. 하나님의 인도와 보호가 나의 행동적 실천에 의하여 나타나게 됩니다.

깊은 데로 가서 그물을 던질 때 예수님의 말씀대로 고기를 잡을 수 있었습니다. 오병이어를 나눠 주기 시작했을 때 오천 명의 배고픔이 해결되었습니다. 문제 해결의 관건은 하나님과 동행하느냐 동행하지 않느냐 입니다. 하나님과 함께 가면 절망적인 상황도 문제없으나, 하나님과 함께 가지 않으면 모든 것이 문제가 됩니다.

우리들도 하나님과 늘 동행함으로 승리하는 삶을 살기 원합니다.

말씀을 생각하며

1. 오늘의 말씀에서 가장 마음에 남는 말씀은 어떤 말씀입니까?

_____
_____
_____
_____

2. 왜 그 말씀이 마음에 남습니까?

_____
_____
_____
_____

3. 오늘의 말씀을 읽고, 나의 신앙생활 속에서 고쳐야 할 점은 무엇입니까?

_____
_____
_____
_____

한 주간의 기도 제목

나 _____
가정 _____
교회 _____

5월

하나님의 교회와 가정

◆

광야의 만나와 메추라기

모세가 승리한 이유

광야의 교회

유월절 기념 명령

제18과

광야의 만나와 메추라기

성경 : 출 16:1-36
찬송 : 429, 588장

"저녁에는 메추라기가 와서 진에 덮이고 아침에는 이슬이 진 주위에 있더니 그 이슬이 마른 후에 광야 지면에 작고 둥글며 서리같이 가는 것이 있는지라"(출 16:13-14)

이스라엘 자손이 애굽에서 나온 후 제2월 15일에 신 광야에 이르렀을 때 굶주려 죽겠다고 모세를 원망하자 하나님께서는 그들에게 만나와 메추라기를 약속하시고 내려 주셨습니다. 출애굽기 16장은 이 사건에 대해 자세히 기록하고 있는데, 그 내용의 요점은 세 가지입니다.

1. 모세를 원망함

이스라엘 백성들이 말하기를, "우리가 애굽 땅에서 고기 가마 곁에 앉았던 때와 떡을 배불리 먹던 때에 여호와의 손에 죽었더면 좋았을 것을 너희가 이 광야로 우리를 인도하여 내어 이 온 회중으로 주려 죽게 하는도다"(16:3)라고 불평을 하였습니다.

하나님께서 세우신 지도자에 대한 원망은 곧 하나님께 대한 원망입니다. 미리암이 모세를 비방하였을 때 그에게 문둥병을 내리셨으며(민 12장), 고라와 다단과 아비람과 온이 당을 짓고 유명한 족장 250명과 더불어 모세를 거슬렀을 때 하나님께서는 그 네 사람과 그 처자들을 땅이 갈라져 삼키게 하셨고, 250명의 족장들은 여호와께로부터 불이 나와서 타죽게 하셨습니다(민 16장).

성경은 우리에게 "너희를 인도하는 자들에게 순종하고 복종하라 그들은 너희 영혼을 위하여 경성하기를 자신들이 청산할 자인 것 같이 하느니라 그들로 하여금 즐거움으로 이것을 하게 하고 근심으로 하게 하지 말라 그렇지 않으면 너희에게 유익이 없느니라"(히 13:17)고 가르치십니다.

"그들 가운데 어떤 사람들이 원망하다가 멸망시키는 자에게 멸망하였나니 너희는 그들과 같이 원망하지 말라"(고전 10:10)고 바울은 우리에게 권면하였습니다. 우리는 범사에 하나님께 감사하는 마음으로 말씀에 순종하는 삶을 살아야 하겠습니다.

2. 일용할 양식을 주심

하나님은 이스라엘 백성들에게 저녁에는 메추라기 고기를 먹게 하시고, 아침에는 만나(떡)를 배불리 먹도록 하셨습니다. 만나는 깟이라는 풀의 씨와 같았고, 희고, 맛은 꿀 섞은 과자 같았습니다(31절). 그리고 하나님은 만나 한 오멜(약 2.2리터)을 항아리에 담아 증거궤 안에 두게 하셨습니다. 이것은 하나님의 백성들이 영적 양식인 하나님의 말씀으로 살아야 할 것을 의미하는 것입니다.

하나님께서는 우리에게 영의 양식을 풍성히 주십니다. 예수님께서는 사람이 떡으로만 사는 것이 아니라 하나님의 입으로 나오는 말씀으로 산다고 하셨습니다(마 4:4). 하나님의 말씀을 사랑하는 자는 영의 강건함을 얻게 됩니다.

또한 하나님은 우리에게 육의 양식도 풍성히 주십니다. 그러므로 예수님께서는 우리에게 "오늘 우리에게 일용할 양식을 주시옵고"라고 기도하라고 가르치셨으며(마 6:11), 또 우리가 먹는 것과 마시는 것과 입는 것을 염려하지 말라고 가르쳐 주셨습니다(마 6:33).

광야에서 이스라엘 백성에게 날마다 만나와 메추라기를 주셨던 그 하나님은 오늘날도 살아계셔서, 그를 경외하고 주 예수 그리스도를 의지하며 하나님의 뜻대로 살고자 힘쓰는 자들에게 영육의 양식을 풍성하게 내려 주십니다.

3. 참된 안식을 주심

하나님은 이스라엘 백성이 만나를 아침마다 자기 먹을 만큼만 거두고, 그것을 다음날 아침까지 남겨두지 말라고 명령하셨습니다. 이것을 지키지 않고 아침까지 두면, 거기에서 벌레가 생겼고 냄새가 났습니다. 또 제6일에는 갑절을 거두게 하셨고, 제7일에는 안식하게 하시며, 그 날을 여호와께 거룩한 안식일이라고 구별하셨습니다. 안식일을 거룩하게 지키기 위해서는 전날에 구울 것은 굽고, 삶을 것은 삶고, 그 나머지는 다음날 아침까지 간수하게 하셨으나 냄새도 나지 않고 벌레도 생기지 않았습니다.

안식일 계명은 하나님의 말씀 순종에 대한 시금석입니다. 신약의 안식일은 예수 그리스도 안에서 성취되었으며 예수님이 안식일의 주인이십니다(마 12:8). 그러므로 참 안식은 예수 그리스도 안에 있습니다. 예수님께서는 "수고하고 무거운 짐 진 자들아 다 내게로 오라 내가 너희를 쉬게 하리라"(마 11:28)고 말씀하셨습니다.

우리가 주님께 나와 온전히 예배하면 참된 안식을 얻게 될 것입니다.

말씀을 생각하며

1. 오늘의 말씀에서 가장 마음에 남는 말씀은 어떤 말씀입니까?
   _____
   _____
   _____
   _____

2. 왜 그 말씀이 마음에 남습니까?
   _____
   _____
   _____
   _____

3. 오늘의 말씀을 읽고, 나의 신앙생활 속에서 고쳐야 할 점은 무엇입니까?
   _____
   _____
   _____
   _____

한 주간의 기도 제목

나 _____
가정 _____
교회 _____

제19과

모세가 승리한 이유

성경 : 출 17:8-16
찬송 : 347장

"모세가 손을 들면 이스라엘이 이기고 손을 내리면 아말렉이 이기더니 모세의 팔이 피곤하매 그들이 돌을 가져다가 모세의 아래에 놓아 그가 그 위에 앉게 하고 아론과 훌이 한 사람은 이쪽에서, 한 사람은 저쪽에서 모세의 손을 붙들어 올렸더니 그 손이 해가 지도록 내려오지 아니한지라 여호수아가 칼날로 아말렉과 그 백성을 쳐서 무찌르니라"(출 17:11-13)

중국의 손자는 "적을 알고 나를 알면 백 번 싸워도 백번 이길 수 있다"고 했습니다. 이스라엘 백성들은 르비딤에서 아말렉 군대와 전쟁을 했습니다. 아말렉 군대가 쳐들어 온 주요 원인이 있는데, 그것은 이스라엘 백성들이 르비딤 골짜기에서 하나님을 더 이상 믿을 수 없다고 하나님을 시험했기 때문입니다.

우리의 싸움은 육적인 싸움이 아니라 영적인 싸움입니다. 모세가 손을 높이 들 때에 전쟁에서 이기게 되었는데, 그 이유는 무엇일까요?

1. 하나님의 능력을 믿었기 때문입니다.

모세는 여호수아에게 전쟁에 나갈 사람을 뽑으라고 했습니다. 그리고 여호수아에게 나가서 전쟁하라고 하면서 자신은 하나님의 지팡이를 손에 잡고 산꼭대기에 서겠다고 했습니다. 이것은 하나님의 능력을 믿겠다는 의미입니다.

하나님은 모세에게 지팡이를 주시면서 "네 지팡이와 내가 함께하리라"고

하셨습니다. 모세에게 지팡이를 주신 것은 하나님의 능력만 믿고 나아가라는 것이었습니다. 그러므로 모세는 철저하게 자신의 능력을 부정하고 하나님이 함께하심의 상징인 지팡이를 언제나 손에 붙잡고 승리를 했습니다.

아말렉과의 전쟁에서 승리하기 위해서 모세는 무엇보다도 하나님을 굳게 붙잡는 신앙의 모습을 우리에게 보여 주었습니다.

신앙생활에서나 세상의 삶속에서도 승리하는 것은 모두 하나님 손에 달려 있습니다. 내가 아무리 노력해도, 아무리 공을 들여도, 땀을 흘리고 수고하고, 별별 수단과 방법을 다 써도 안 됩니다. 하나님이 함께하시고 하나님이 이루어 주셔야만 하는 것입니다. 우리도 모세처럼 하나님의 능력만 의지하며 살아야 하겠습니다.

2. 기도의 손을 들었기 때문입니다.

모세가 손을 들면 이스라엘이 이기고, 모세의 손이 힘이 빠져서 내려오면 아말렉이 이겼다고 했습니다. 모세의 손은 기도하는 손을 말합니다. 손을 들어 기도하면 이기고, 기도하지 않으면 지는 것입니다. 우리가 잘 아는 대로 기도의 손을 들었기 때문에 승리했다는 것입니다. 기도의 손이 내려가면 결코 이길 수 없습니다.

우리가 날마다의 삶 속에서 승리하기 위해서는 쉬지 말고 기도해야 합니다. 기도는 영적 호흡과 같습니다. 살아 있는 사람은 숨을 쉬는 사람입니다. 죽은 사람은 숨을 쉬지 않습니다. 영적으로 살아 있는 사람은 쉬지 않고 기도하는 사람입니다.

역대하 6:29-30에는 "한 사람이나 혹 주의 온 백성 이스라엘이 다 각각 자기의 마음에 재앙과 고통을 깨닫고 이 성전을 향하여 손을 펴고 무슨 기도나 무슨 간구를 하거든 주는 계신 곳 하늘에서 들으시며 사유하시되 각 사람의 마음을 아시오니 그의 모든 행위대로 갚으시옵소서 주만 홀로 사람의 마음을 아심이니이다"라고 하였습니다.

우리는 모세와 같이 기도하는 사람이 되어야 합니다. 기도할 때에는 응답을 받을 때까지 기도해야 합니다. 도중에 손이 내려와서는 안 됩니다. 우리의 손이 늘 하나님께로 높이 향하여 기도하는 백성이 되기를 원합니다.

3. 합심 기도를 했기 때문입니다.

모세가 손을 들었는데 모세가 신이 아니고 인간인지라 팔이 아파서 점점 내려옵니다. 모세의 손이 내려가면 이스라엘이 전쟁에서 집니다. 그래서 아론과 훌이 모세의 팔이 내려오지 않게 하기 위해서 양편에서 모세의 팔을 붙잡고 함께 기도를 합니다.

하나님께 은밀하게 기도를 할 때는 개인 기도가 필요합니다. 그러나 국가나 교회와 같은 공동체의 문제는 함께 힘을 모아서 기도해야 합니다. 합심 기도를 하면 기도가 안 되는 사람도 힘을 얻고 기도를 할 수 있게 됩니다.

우리들도 초대 교회의 120 문도가 모여서 합심하여 기도할 때 성령 충만함을 받은 것처럼, 모세와 아론과 훌이 합심 기도를 함으로 아말렉을 이긴 것처럼, 마음을 하나로 모아 기도할 때, "너희에게 이르노니 너희 중의 두 사람이 땅에서 합심하여 무엇이든지 구하면 하늘에 계신 내 아버지께서 그들을 위하여 이루게 하시리라"(마 18:19)고 하심과 같이, 기도의 응답을 받게 될 것입니다.

말씀을 생각하며

1. 오늘의 말씀에서 가장 마음에 남는 말씀은 어떤 말씀입니까?
   _____
   _____
   _____
   _____

2. 왜 그 말씀이 마음에 남습니까?
   _____
   _____
   _____
   _____

3. 오늘의 말씀을 읽고, 나의 신앙생활 속에서 고쳐야 할 점은 무엇입니까?
   _____
   _____
   _____
   _____

한 주간의 기도 제목

나 _____
가정 _____
교회 _____

제20과

광야의 교회

성경 : 출 40:1-38
찬송 : 78장

"구름이 회막에 덮이고 여호와의 영광이 성막에 충만하매 모세가 회막에 들어갈 수 없었으니 이는 구름이 회막 위에 덮이고 여호와의 영광이 성막에 충만함이었으며 구름이 성막 위에서 떠오를 때에는 이스라엘 자손이 그 모든 행진하는 길에 앞으로 나아갔고 구름이 떠오르지 않을 때에는 떠오르는 날까지 나아가지 아니하였으며 낮에는 여호와의 구름이 성막 위에 있고 밤에는 불이 그 구름 가운데에 있음을 이스라엘의 온 족속이 그 모든 행진하는 길에서 그들의 눈으로 보았더라"(출 40:34-38)

솔로몬의 성전이 지어지기 전에 이스라엘 백성들은 광야에서 성막과 함께 하였습니다. 모세가 하나님께서 식양을 보여주신 대로 광야에서 성막을 지었는데, 금과 은과 놋과 아름답게 수놓은 휘장을 포함하여 귀한 것들도 만들어졌습니다. 성막이 완성된 후 하나님께서 명령하신 대로 속죄제사와 번제와 화목제와 하나님께 제물을 드리는 일들을 제사장을 통해서 수행하였습니다.

1. 광야교회는 하나님이 세우신 교회입니다.

광야에 세워진 성막교회는 고정된 교회가 아니라 이동식 교회입니다. 이스라엘이 이동하는 중이기 때문에 교회도 이동하는 것입니다. 그런데 백성이 이동하는 중에도 먼저 행할 것은 하나님께 예배드리는 것입니다. 먼저 세울 것은 자기 집이 아니라 교회였습니다.

하나님은 말씀하시기를, "이는 너희가 대대로 여호와 앞 회막 문에서 늘 드릴 번제라 내가 거기서 너희와 만나고 네게 말하리라 내가 거기서 이스라엘 자손을 만나리니 내 영광으로 말미암아 회막이 거룩하게 될지라"(출 29:42-43)고 하셨습니다.

모세로 하여금 광야에 최초로 세워지는 성막교회의 구조나 설계는 모두가 하나님께서 하셨지 사람이 한 것은 아닙니다. 마찬가지로 교회란 언제나 어느 시대이든 간에 하나님이 하나님 뜻대로 하신다는 것을 기억해야 합니다.

2. 광야교회는 하나님을 체험하는 교회입니다.

광야는 문명의 혜택이나 자연의 혜택을 못 받는 불모지대요, 뜨거운 태양 아래 죽음이 기다리는 사막지대입니다. 따라서 젖과 꿀이 흐르는 가나안 땅을 향하여 200만 명 이상의 큰 민족이 특별한 준비도 없이, 모세의 말만 의지하고 떠나기에는 괴로운 여행길이었습니다. 이들에게는 해방의 감격이나 자유의 기쁨보다도 당장에 먹고 사는 일이 큰일이었습니다.

애굽을 떠나 홍해를 건너 광야까지 왔으나 백성들 속에서는 불평불만이 쏟아져 나왔습니다. "모세가 백성에게 이르되 너희는 두려워하지 말고 가만히 서서 여호와께서 오늘 너희를 위하여 행하시는 구원을 보라 너희가 오늘 본 애굽 사람을 영원히 다시 보지 아니하리라 여호와께서 너희를 위하여 싸우시리니 너희는 가만히 있을지니라"(출 14:13-14)고 백성들을 격려하며, 원망하는 그들에게 강하고 담대한 신앙을 일깨워 주었습니다.

하나님은 그들을 위하여 죽음의 골짜기에서 대신하여 싸워 주셨고, 낮이면 구름기둥으로 덮어 주고, 밤이면 불기둥으로 냉기가 서려있는 추운 사막지대에서 불어오는 바람을 막아주셨습니다. 또 40년 동안 농사짓지 아니하고도 많은 사람들이 먹고 입고 살 수 있도록 메추라기와 만나와 생수를 주셨습니다. 광야 교회는 하나님의 인도하심만을 바라는 교회가 된 것입니다.

3. 광야교회는 전진하는 교회입니다.

　신앙의 세계는 평안할 때보다는 환란과 질고 속에서 더욱 뜨거워지며 더욱 은혜롭게 되는 것입니다. 광야교회는 어려움과 고난을 당하면서도 구름기둥과 불기둥으로 인도하시는 하나님의 도우심으로 가나안을 향하여 매일 전진하였습니다.
　우리는 언제나 하나님의 뜻이 어디에 있는가를 생각해야 합니다. 우리가 가진 것에 대하여 만족하고, 그 자리에 안주하려고 해서는 안 됩니다. 또한 내가 제일이라는 고집과 내 것만이 옳다고 여기는 자만에 빠지지 말고, 항상 구름기둥, 불기둥을 따라 앞으로 전진하여야 할 것입니다.
　하루에 3천명씩 회개하고 부흥되던 예루살렘 교회는 계속적인 전진을 하지 못한 결과로 지금은 자취조차 찾을 길 없지만, 신앙을 위하여 고난과 죽음의 십자가의 길을 걸었던 광야교회와 같은 이방 교회들은 오늘날 세계속에 퍼져나가 그 사명을 다하고 있습니다.
　그러므로 우리는 오늘의 현실에 안주하지 말고, 자만에 빠지지 말며, 독수리와 같이 날개 치며 올라가는 교회가 되기 위하여 전심전력하며, 말씀 충만한 교회, 은혜와 성령으로 충만한 교회, 사랑이 넘치는 교회가 되기 위하여 최선을 다해야 합니다.
　광야 교회와 같이 하나님 없이는 살지 못하는 신앙, 안주하지 않고 계속 전진하는 교회로 성장함으로 우리의 자녀들에게도 믿음의 본을 보이고 세속에 물들지 않은 참된 신앙의 모습을 보여주어야 할 것입니다.

말씀을 생각하며

1. 오늘의 말씀에서 가장 마음에 남는 말씀은 어떤 말씀입니까?
   _____
   _____
   _____
   _____

2. 왜 그 말씀이 마음에 남습니까?
   _____
   _____
   _____
   _____

3. 오늘의 말씀을 읽고, 나의 신앙생활 속에서 고쳐야 할 점은 무엇입니까?
   _____
   _____
   _____
   _____

한 주간의 기도 제목

나 _____
가정 _____
교회 _____

제21과

유월절 기념 명령

성경 : 민 9:1-13
찬송 : 82, 232장

"이스라엘 자손에게 말하여 이르라 너희나 너희 후손 중에 시체로 말미암아 부정하게 되든지 먼 여행 중에 있다 할지라도 다 여호와 앞에 마땅히 유월절을 지키되 둘째 달 열넷째 날 해 질 때에 그것을 지켜서 어린 양에 무교병과 쓴 나물을 아울러 먹을 것이요 아침까지 그것을 조금도 남겨 두지 말며 그 뼈를 하나도 꺾지 말아서 유월절 모든 율례대로 지킬 것이니라"(민 9:10-12)

하나님은 유월절 기념 명령을 통해 이스라엘의 구원자 되심을 나타내시며, 불과 구름 기둥의 인도를 통해 이스라엘의 인도자 되심을 계시하고 있습니다. 오늘 말씀은 유월절 준수 명령과 이스라엘 백성들의 순종, 2차 유월절 규례와 불과 구름 기둥의 인도에 대해 말씀하고 계십니다.

유월절은 출애굽기 12:1-14에 기록된 사건이며, 유월절 기념 명령은 레위기 23:4-8에 언급되어 있는 내용입니다. 하나님은 유월절을 가나안 정복 후에 지키라고 하지 않고 명령이 떨어진 즉시 지키라고 했습니다. 광야를 행진해야 할 이스라엘 백성들에게 있어서는 상당히 부담이 되었을 것입니다. 그러나 그들은 하나님의 명령을 준행하여 유월절을 지켰습니다.

1. 유월절의 의의

구약의 절기를 사건에 따른 개념으로 볼 때 유월절과 초막절과 오순절이 3대 절기라 할 수 있습니다. 유월절(逾越節; passover)은 이스라엘 백성이 애굽에서 나올 때 애굽에 10가지 재앙을 내렸는데, 마지막 재앙인 장자(長子) 재앙을 내릴 때 죽음의 사자가 문설주와 인방에 양의 피가 발라진 이스라엘 백성 가정에는 재앙을 내리지 않고 넘어간 사실에서 붙여진 이름입니다.

2. 유월절의 시기

유월절을 지키는 시기는 종교력으로 정월 14일 저녁입니다(5절, 레 23:5). 그리고 15일부터 일주일간은 무교절입니다. 종교력의 정월(1월)은 바벨론 식으로 하면 니산월로서, 민간력으로 7월에 해당하고, 태양력으로는 3-4월에 해당합니다.

3. 유월절의 규례

출애굽기(12:1-14)와 레위기(23:4-8)를 중심으로 유월절을 살펴보면, ① 흠 없는 양을 식구 수대로 준비해야 합니다. 유대인들은 10명 정도의 수에 1마리로 보았습니다. 식구 수가 1마리 잡기에 모자라면 이웃과 함께 준비했습니다. 그 준비 기간은 나흘이었습니다. 그 기간은 준비하기에 충분한 기간이었고 양을 잡는 이유를 충분히 생각할 수 있는 기간이었을 것입니다.
② 양의 피를 문의 설주와 인방에 발라야 합니다. 자신들을 위해 양이 대신 죽었다는 사실을 가족 단위로 공개적으로 표시하는 의미를 가진 것입니다.
③ 양의 고기는 구워 먹되 아침까지 남겨 두어서는 안 됩니다. 아침까지 남은 것은 불태워야 합니다. 구워 먹는 것은 원형을 보존하려는 의도이고 아침까지 남겨 두지 않는 것은 성물이 더럽혀지지 않게 하려는 의도입니다.
④ 허리에 띠를 띠고 발에 신을 신고 손에 지팡이를 잡고 급히 먹어야 합니다. 도망치듯이 먹어야 한다는 말입니다. 구원의 때를 맞추어 급히 출애

굽 해야 할 것을 의미합니다.

4. 유월절의 목적

하나님께서 유월절을 지키게 하신 것은, 이스라엘 백성을 애굽에서 구원해 주신 것을 기념하게 하기 위함입니다. 하나님께서 애굽의 신(神)들을 심판하고(출 12:22-24),이스라엘 백성을 종살이 하던 데서 구원했습니다(출 1:11-22 ; 신 5:15, 15:15). 유월절은 하나님의 구원 역사를 기억하게 하는 데 목적이 있습니다. 그리고 구속사적으로 하나님께서 예수 그리스도를 통해 하나님의 백성을 구원할 것을 바라보게 하기 위함입니다.

유월절 양은 예수 그리스도를 예표합니다. 고린도전서 5:7에 "유월절 양 곧 그리스도께서 희생되셨느니라"고 했습니다. 그리고 유월절 양과 무교병은 동일하게 예수 그리스도를 예표하는데, 무교병은 죄 없으신 예수 그리스도에 대한 상징입니다(히 4:15 ; 요일 3:5). 유월절에 어린 양이 죽음으로 이스라엘 백성이 생명과 해방을 얻은 것처럼, 예수 그리스도께서 하나님 백성들의 죄를 지고 피 흘려 죽으심으로 그를 믿는 백성들이 죽음의 형벌에서 구원을 얻게 된 것입니다(요 1:29, 36 ; 히 9:22).

예수님은 그 구원 사건을 기념하게 하기 위해 유월절에 성만찬을 행하시고 다시 오실 때까지 기념하여 지키라고 하셨습니다(마 26:17-30 ; 막 14:2-25 ; 눅 22:1-20). 우리는 광야에서 유월절 명령을 순종한 이스라엘 백성들처럼, 우리 죄를 대신하여 죽으시고, 죄와 사망에서 구하신 예수 그리스도께 감사하며, 거룩한 성찬에 임해야 합니다.

말씀을 생각하며

1. 오늘의 말씀에서 가장 마음에 남는 말씀은 어떤 말씀입니까?
   _____
   _____
   _____
   _____

2. 왜 그 말씀이 마음에 남습니까?
   _____
   _____
   _____
   _____

3. 오늘의 말씀을 읽고, 나의 신앙생활 속에서 고쳐야 할 점은 무엇입니까?
   _____
   _____
   _____
   _____

한 주간의 기도 제목

나 _____
가정 _____
교회 _____

6월

더 높은 신앙생활

◆

유월절 준수 규례
불기둥과 구름기둥의 인도
가나안 정탐꾼 파견
불뱀과 놋뱀
신앙의 안목을 가진 여인

제22과

유월절 준수 규례

성경 : 민 9:6-14
찬송 : 232장

"여호와께서 모세에게 말씀하여 이르시되 이스라엘 자손에게 말하여 이르라 너희나 너희 후손 중에 시체로 말미암아 부정하게 되든지 먼 여행 중에 있다 할지라도 다 여호와 앞에 마땅히 유월절을 지키되 둘째 달 열넷째 날 해 질 때에 그것을 지켜서 어린 양에 무교병과 쓴 나물을 아울러 먹을 것이요 아침까지 그것을 조금도 남겨두지 말며 그 뼈를 하나도 꺾지 말아서 유월절 모든 율례대로 지킬 것이니라"(민 9:9-12)

하나님께서 이스라엘 백성에게 유월절을 지키게 한 것은 이스라엘이 애굽에서 종살이 하던 데서 하나님께서 구원하신 것을 기억하고 감사하고 신뢰하게 하기 위함입니다. 그리고 언약적으로 그리스도를 통해 죄와 사망에서 구원하실 것을 바라보게 하기 위함입니다.

1. 2차 유월절 규례

하나님은 모세를 통하여 1월 14일 저녁에 유월절을 지키라고 명령했습니다. 그런데 갑작스런 사고로 사람의 시체를 접촉하게 되어 의식적으로 부정해진 자들은 정결법에 의해 정결하게 되는 기간을 지내기 전에는 유월절 예식에 참여할 수 없었습니다. 뿐만 아니라 여행 중에 있는 사람도 불가불 참여할 수 없었습니다. 이러한 사정으로 유월절 예식에 참여하지 못한 자들은 한 달 후 2월 14일에 2차로 유월절 예식을 가지라고 했습니다. 유월절을 지키는 규례는 동일하게 적용했습니다. 이것은 우리의 형편과 처지를 이해하시고, 어떻게든지 은혜에 참여하게 하시는 하나님의 은혜입니다.

2. 고의로 유월절을 지키지 않는 자는 벌을 받게 됩니다.

그러나 만일 부정하게 된 일도 없고 여행 중에 있는 것도 아닌데 고의적으로 유월절 예식에 참여하지 않는 자는 죄 값을 물어 백성 가운데서 끊는다고 했습니다. 백성 가운데서 끊는다는 말은 백성의 진(陣)에서 쫓아낼 것을 말합니다. 이스라엘 진에서 쫓겨나는 것은 언약 백성으로서의 자격을 상실하고 언약 백성이 누릴 모든 율법의 특혜에서 제외되는 것을 말합니다.

고의로 유월절을 지키지 않은 자에게 그와 같은 형벌이 주어지는 것은 유월절을 지키지 않는 자는 하나님과의 언약 관계에서 하나님의 주권과 섭리와 목적을 인정하지 않는 자이기 때문입니다. 그러므로 우리는 고의로 주일을 범해서는 안되겠습니다. 또한 거룩한 성찬에 회개하지 아니하고 참여해서도 안되겠습니다.

하나님의 약속된 은혜는 하나님과 하나님이 행하신 일을 인정하는 자가 누리게 됩니다. 하나님께서 우리에게 행하신 모든 구원의 은혜를 인정하는 자가 더욱 많은 은혜를 누리는 것입니다.

3. 타국인도 원하면 유월절을 지킬 수 있습니다.

타국인이라 해도 유월절을 지키고자 하면 유월절을 지키게 하라고 했습니다. 물론 유월절을 지키기를 원하는 자는 할례부터 받아야 했습니다(출 12:48). 할례는 남자의 성기의 표피를 베는 의식으로서 하나님의 언약 백성이 된 표로 받는 의식이었습니다. 비록 이방인이라도 이스라엘 백성 가운데 거하며 하나님을 알고 하나님이 베푸신 구원을 인정하고 하나님이 행하시는 일을 기념하고자 하는 마음이 있다면 그 은혜에 동참하게 하는 것입니다.

타국인이 이스라엘 백성과 동일하게 유월절 예식에 참여할 수 있게 된 것은 이방인도 하나님의 은혜에 참여할 수 있다는 것을 보여주는 하나님의 은혜입니다. 이는 하나님의 나라가 혈연이 아닌 신앙의 공동체임을 보여 주는 좋은 예입니다.

로마서 2:28-29에 "무릇 표면적 유대인이 유대인이 아니요 표면적 육신의 할례가 할례가 아니니라 오직 이면적 유대인이 유대인이며 할례는 마음에 할지니 영에 있고 율법 조문에 있지 아니한 것이라 그 칭찬이 사람에게서가 아니요 다만 하나님에게서니라"라고 했습니다.

구약에서 이방인이지만 하나님의 언약에 참여한 자들이 많이 있습니다. 라합과 룻 같은 이들은 이방인이며, 여자이면서도 언약적 계보에 들었습니다. 그러므로 우리는 모두가 그리스도로 말미암아 하나님의 은혜로 구원 받은 백성입니다.

"하나님이 그들로 하여금 이 비밀의 영광이 이방인 가운데 얼마나 풍성한지를 알게 하려 하심이라 이 비밀은 너희 안에 계신 그리스도시니 곧 영광의 소망이니라"(골 1:27).

말씀을 생각하며

1. 오늘의 말씀에서 가장 마음에 남는 말씀은 어떤 말씀입니까?

2. 왜 그 말씀이 마음에 남습니까?

3. 오늘의 말씀을 읽고, 나의 신앙생활 속에서 고쳐야 할 점은 무엇입니까?

한 주간의 기도 제목

나 _____
가정 _____
교회 _____

제23과

불기둥과 구름기둥의 인도

성경 : 민 9:15-23
찬송 : 383, 388장

"성막을 세운 날에 구름이 성막 곧 증거의 성막을 덮었고 저녁이 되면 성막 위에 불 모양 같은 것이 나타나서 아침까지 이르렀으되 항상 그러하여 낮에는 구름이 그것을 덮었고 밤이면 불 모양이 있었는데 구름이 성막에서 떠오르는 때에는 이스라엘 자손이 곧 행진하였고 구름이 머무는 곳에 이스라엘 자손이 진을 쳤으니"(민 9:15-17)

성막이 출애굽 2년 1월(아빕월) 1일에 완공되었습니다(출 40:17). 그 날에 성막 위에 구름이 나타났습니다. 구름이 성막 곧 증거막을 덮었다고 했는데, 이는 증거궤로 대표되는 성막 전체를 가리킬 수도 있고, 증거궤(언약궤)가 있는 지성소 위를 가리킬 수도 있습니다. 이것은 이스라엘의 생활 중심이 성막이었고, 성막을 중심으로 구름이 가렸다는 것은 하나님의 보호하심을 의미합니다.

1. 불과 구름은 하나님의 임재의 표상입니다.

구름이 성막 위에 머문 것은 첫째, 성막을 받으셨다는 것을 가시적(可視的)으로 보여준 것입니다. 성막을 하나님이 지시한 식양대로 완공하자 하나님이 그 곳에 임하셨다는 것을 보이신 것은 성막을 기뻐 받으셨다는 의미를 담고 있습니다.

둘째, 하나님이 이스라엘 가운데 계신다는 사실을 가시적으로 보여 준 것입니다. 하나님이 과거에도 이스라엘과 함께 계셨지만 성막 완공을 계기로 여전히 함께 계심을 보임으로서 더욱 확신을 얻게 한 것입니다.

셋째, 하나님이 이스라엘을 보호하신다는 것을 가시적으로 보여준 것입니다. 하나님의 영광이 함께 하므로 악한 자가 조금도 접근할 수 없게 되었음을 나타내는 것입니다. 넷째, 이스라엘의 인도자임을 가시적으로 보여준 것입니다. 이스라엘이 언제 어떻게 어디로 떠나야 할지 몰랐을 것이나 하나님이 그들을 인도해 주실 것이라는 것을 보여 주는 것입니다.

2. 이스라엘을 인도하시는 표상입니다.

출애굽기 40:36-37에 "구름이 성막 위에서 떠오를 때에는 이스라엘 자손이 그 모든 행진하는 길에 앞으로 나아갔고 구름이 떠오르지 않을 때에는 떠오르는 날까지 나아가지 아니하였으며"라고 했습니다. 이스라엘 백성은 성막 위에 있던 구름이 떠오르면 진행했고 구름이 멈추는 곳에서는 진을 쳤습니다. 그리고 구름이 머무는 동안에는 진행하지 않고 계속 머물렀습니다. 구름이 머무는 날이 아무리 많아도 구름이 움직이지 않으면 진행하지 않았고, 머무는 날이 아무리 적어도 구름이 움직이면 같이 따라 진행했습니다.

이스라엘에게 중요한 것은 즉시 순종하는 것이었습니다. 구름의 이동 시기를 빨리 감지하는 것이 아니라 구름의 이동이 있을 때 즉각적으로 순종하는 것이었습니다. 첫째, 구름이 이동하면 즉시 이동해야 합니다. 이동 시기에 대해 불평하지 않는 것이었습니다. 구름이 하룻밤을 지내고 떠나도 불평하지 않고 1년이 지나서 떠나도 불평하지 않고 인내하는 것입니다. 둘째, 구름이 가는 곳을 따라 진행해야 합니다. 구름의 방향이 자기들 생각에 맞지 않아도 구름이 가는 곳을 벗어나지 않고 구름이 인도하는 대로 가야 합니다. 셋째, 구름이 머무는 곳에 진을 쳐야 합니다. 구름이 머무는 곳이 마음에 들지 않는다고 해도 불평하지 않고 함께 머물러야 합니다.

3. 교회에 함께 하시는 하나님이십니다.

하나님은 오늘날에도 하나님의 뜻을 이루기 위해 교회 위에 임하시고 친히 인도하십니다. 불과 구름은 오늘날 성령의 인도에 비할 수 있으며(요 14:26, 롬 8:13-14), 말씀의 인도에 비할 수 있습니다(시 119:105).

요한복음 16:13에, "그러나 진리의 성령이 오시면 그가 너희를 모든 진리 가운데로 인도하시리니 그가 스스로 말하지 않고 오직 들은 것을 말하며 장래 일을 너희에게 알리시리라"고 말씀하셨습니다.

디모데후서 3:15에는 "또 어려서부터 성경을 알았나니 성경은 능히 너로 하여금 그리스도 예수 안에 있는 믿음으로 말미암아 구원에 이르는 지혜가 있게 하느니라"고 말씀하셨습니다. 하나님은 성령으로 임재하시고 말씀으로 지시하십니다. 우리는 그 길이 어떠할지라도 하나님을 신뢰하며 순종해야 합니다.

하나님은 우리를 영원히 인도하시는 분입니다. 시편 48:14에 "이 하나님은 영원히 우리 하나님이시니 그가 우리를 죽을 때까지 인도하시리로다"고 했습니다. 본문에서 결론적으로 "곧 그들이 여호와의 명령을 따라 진을 치며 여호와의 명령을 따라 행진하고 또 모세를 통하여 이르신 여호와의 명령을 따라 여호와의 직임을 지켰더라"(민 9:23)라고 했듯이, 우리도 하나님의 인도를 전적으로 따르는 자가 되어야 합니다.

말씀을 생각하며

1. 오늘의 말씀에서 가장 마음에 남는 말씀은 어떤 말씀입니까?

2. 왜 그 말씀이 마음에 남습니까?

3. 오늘의 말씀을 읽고, 나의 신앙생활 속에서 고쳐야 할 점은 무엇입니까?

한 주간의 기도 제목

나 _____
가정 _____
교회 _____

제24과

가나안 정탐꾼 파견

성경 : 민 13:1-14:12
찬송 : 351, 353장

"갈렙이 모세 앞에서 백성을 조용하게 하고 이르되 우리가 곧 올라가서 그 땅을 취하자 능히 이기리라 하나 그와 함께 올라갔던 사람들은 이르되 우리는 능히 올라가서 그 백성을 치지 못하리라 그들은 우리보다 강하니라 하고"(민 13:30-31)

"생각이 그 사람을 만든다"는 말이 있습니다. 그러나 정작 그 생각을 어떻게 해야 되는 지는 잘 모릅니다. 생각의 기준이 없는 것입니다. 그래서 자기 마음대로 생각하고 판단합니다.

우리에게 주어진 인생은 나의 것입니다. 나에게 주어지는 모든 일, 나에게 주어지는 환경을 이용하고 다스리는 입장에 서서 능히 할 수 있다는 긍정적인 생각과 자신이 가지고 있는 능력을 최대로 발휘하는 것은 인생을 성공적으로 살 수 있는 중요한 척도가 될 것입니다.

1. 정탐꾼들의 상반되는 보고

가나안 땅은 불과 얼마 안 되는 거리에 있습니다. 가나안 땅에 들어가서 이미 거주하고 있는 이방 족속들을 물리쳐야 합니다. 따라서 전쟁을 하기 전에 정탐을 해야 합니다. 모세의 명령에 따라 각 지파별로 12명의 두령들이 선발되어 나왔습니다.

12명이 가나안 땅을 정탐한 결과 보고를 하는데, 그 중 10명은 "우리는 능히 올라가서 그 백성을 치지 못하리라 그들은 우리보다 강하니라 우리가 두루 다니며 정탐한 땅은 그 거주민을 삼키는 땅이요 거기서 본 모든 백성은 신장이 장대한 자들이며 우리는 스스로 보기에도 메뚜기 같다"(민 13:31-33)라고 보고합니다. 그러나 여호수아와 갈렙은 "우리가 곧 올라가서 그 땅을 취하자 능히 이기리라"(민 13:30)고 했습니다.

10명이 보는 시각과 2명이 보는 시각이 판이하게 달랐습니다. 현실은 동일하지만, 그 마음에 생각과 임하는 각오가 다릅니다.

2. 부정적인 생각의 결과

10명의 부정적인 보고로 인하여 백성들은 그들의 말에 마음을 빼앗겼습니다. 두려워했습니다. 꿈에도 그리운 땅 가나안에 들어가기 위해 지금까지 고생하면서 왔는데, 우리보다 더 강한 부족들이 이미 진을 치고 살고 있으니 희망이 없어 보입니다. 애굽에서 죽었든지 광야에서 죽었더라면 차라리 좋았을 것을 어찌하여 이제 전쟁으로 죽게 하시는지, 백성들은 하나님을 원망하기 시작합니다. 이로 인하여 하나님께서 노하셨습니다. 하나님은 전염병으로 그들을 쳐서 멸하시려고 하십니다. 이 말씀을 들은 모세의 간절한 중보 기도에 하나님의 마음이 수그러지셨습니다.

하나님의 약속을 믿지 않은 사람, 하나님의 말씀을 청종치 않은 사람, 하나님을 멸시한 사람 이들은 모두 부정적인 사고방식의 사람들입니다. 이들의 결과는 패배와 실패입니다. 한 사람도 살아서 하나님의 복된 땅 가나안에 들어가지 못하고 그 대신, 하나님께서 그들의 자식들은 허락했습니다.

우리가 여기서 알아야 하는 것은 하나님을 불신하고 자기를 비하하는 자의 말로는 패망이라는 것입니다. 하나님의 위대하심과 자신의 가치를 모르는 불신은 후회와 패배뿐입니다.

비록 신자가 이 세상을 살아가는 것이 어렵고 불신자들이 신자들보다 더 강하게 보이는 것은 사실로 인정하지만, 나의 존재가 결코 약한 존재가 아니라는 것입니다. 자기 자신을 적군보다 비하하는 자세와 부정적인 태도는 자신을 패하게 만드는 요인이 되는 것입니다. 부정적인 사고방식은 나와 함께하시는 하나님을 불신하기 때문에 생기는 것이며, 이 불신이 패배를 가져온다는 사실을 아시기 바랍니다.

3. 긍정적인 생각의 결과

갈렙은 이스라엘 백성들이 반역하려는 것을 보고 있지 않았습니다. "우리가 두루 다니며 정탐한 땅은 심히 아름다운 땅이라 여호와께서 우리를 기뻐하시면 우리를 그 땅으로 인도하여 들이시고 그 땅을 우리에게 주시리라 이는 과연 젖과 꿀이 흐르는 땅이니라 다만 여호와를 거역하지는 말라 또 그 땅 백성을 두려워하지 말라 그들은 우리의 먹이라 그들의 보호자는 그들에게서 떠났고 여호와는 우리와 함께하시느니라 그들을 두려워하지 말라"(민 14:7-9)고 옷을 찢으면서 외쳤습니다.

갈렙의 말에는 믿음과 확고한 의지가 담겨 있습니다. 비록 적군이 강한 것은 인정하지만, 우리가 약한 것은 아니라는 설명입니다. 지피지기(知彼知己)면, 백전백승(百戰百勝)이라고 했습니다. 상대방의 환경과 여건을 충분히 알고 있지만, 10명은 자신을 잘 모르고 있었으나 갈렙은 보는 시각이 달랐습니다.

여호수아와 갈렙 두 사람의 믿음을 하나님께서는 인정하시고, 출애굽한 백성 중에서 유일하게 가나안 땅으로 들어간 사람이 되었습니다.

말씀을 생각하며

1. 오늘의 말씀에서 가장 마음에 남는 말씀은 어떤 말씀입니까?
   _____
   _____
   _____
   _____

2. 왜 그 말씀이 마음에 남습니까?
   _____
   _____
   _____
   _____

3. 오늘의 말씀을 읽고, 나의 신앙생활 속에서 고쳐야 할 점은 무엇입니까?
   _____
   _____
   _____
   _____

한 주간의 기도 제목

나 _____
가정 _____
교회 _____

제25과

불뱀과 놋뱀

성경 : 민 21:4-9
찬송 : 323, 545장

"여호와께서 모세에게 이르시되 불뱀을 만들어 장대 위에 매달아라 물린 자마다 그것을 보면 살리라 모세가 놋뱀을 만들어 장대 위에 다니 뱀에게 물린 자가 놋뱀을 쳐다본즉 모두 살더라"(민 21:8-9)

    이스라엘은 하나님 덕분에 고생스럽던 애굽의 노예에서 해방되었습니다. 또 홍해에서는 하나님의 능력으로 자기들만 살고 애굽 군대는 죽었습니다. 그들은 이러한 일들을 바라보면서 하나님은 우리를 살리시는 분이라는 것을 믿었습니다. 그런데 그렇게 기대했던 하나님이 인도하시는 인생길이 전혀 다른 길이었습니다. 고통과 고생이 기다리는 길이었습니다. 결국 하나님에 대한 잘못된 생각에서 하나님에 대한 원망이 터져 나오게 된 것입니다.
    하나님께서 이스라엘을 고생의 길로 인도하신 것은 그들에게 감춰져 있는 죄를 드러내도록 하기 위해서입니다. 그런데 이스라엘은 이러한 하나님을 이해하지 못했습니다.

1. 불뱀을 주신 이유

    하나님은 이스라엘에게 불뱀을 보내셔서 그들을 더 큰 고통과 죽음으로 몰고 갑니다. 불뱀이란 붉은 점이 있는 뱀으로서 한 번 물리면 불에 덴 것처럼 심한 통증을 느끼다가 죽는다고 합니다. 그런 불뱀을 이스라엘에게 보내서 그들을 물게 하신 것입니다.

우리는 고통의 의미를 생각하기보다는 고통 자체를 아예 싫어합니다. 왜냐하면 고통은 내 생명을 위협하기 때문입니다. 분명 하나님은 우리를 살리기 위해서 일하십니다. 그러나 기독교에서 산다는 의미는 육신의 생명의 문제가 아니라 그리스도 안에서 쉼을 얻는 것을 말합니다. 이것이 성경에서 말하는 참된 생명입니다. 이 생명을 얻기 위해서는 필연코 해결되어야 하는 문제가 죄입니다. 죄 때문에 자신에 대해서 한탄하고 절망해 봐야 하나님을 바라볼 수 없고, 죄를 회개하는 것이 곧 사는 길이 되는 것입니다.

하나님께서 이스라엘이 원망할 때 불뱀을 보내신 것은 죽음 속에서만 참된 생명이 싹트기 때문입니다. 옛사람을 죽이시고 새사람으로 살게 하시는 것입니다.

2. 놋뱀을 만들게 하심

하나님은 모세에게 말씀하시기를, "불뱀을 만들어 장대 위에 매달아라 물린 자마다 그것을 보면 살리라"(민 21:8)고 하셨습니다. 하나님이 이스라엘을 살리는 방법은 놋뱀을 쳐다보는 것입니다.

놋뱀은 예수 그리스도를 의미합니다. 예수님은 "모세가 광야에서 뱀을 든 것 같이 인자도 들려야 하리니 이는 그를 믿는 자마다 영생을 얻게 하려 하심이니라"(요 3:14-15)고 말씀하셨습니다. 놋뱀이란 별 볼품이 없다는 것을 의미합니다(사 53:2). 도저히 자신을 살려 줄 만한 어떤 힘도 없어 보이는 것을 의지하는 것이 믿음입니다. 우리의 공로가 아니라 우리의 죄를 대신해서 십자가를 지신 주님의 공로 때문에 천국 간다는 것이 하나님의 방법인데 이것이 하나님의 은혜를 모르는 자들에게는 도저히 이해할 수 없는 일이 되는 것입니다.

하나님의 은혜는 불뱀이 여전히 있는 가운데 놋뱀을 세우신 것입니다. 그리고 놋뱀을 바라보는 자만 살리라고 말씀합니다. 이것이 하나님께서 우리를 구원하시는 방법입니다. 다시 말해서 '너희가 사는 것은 오직 하나님의 은총과 자비하심 때문이다'는 것을 아는 자만 산다는 것입니다.

이스라엘 백성들이 놋뱀을 바라 볼 때 살았던 것처럼, 이제 우리는 십자가에 달리신 그리스도를 바라봄으로 삽니다. 하나님은 구원을 받기 위해서 무엇을 하라고 하신 적이 없습니다. 다만 그리스도를 바라보라고 할 뿐입니다.

3. 놋뱀을 바라볼 자가 누구입니까?

뱀에게 물리지 않았으면 놋뱀을 바라볼 이유가 없습니다. 자신은 살아 있다고 생각하기 때문입니다. 살아 있기 때문에 자신을 살려 주는 놋뱀을 바라볼 이유가 없는 것입니다. 그래서 많은 사람들이 "그리스도를 믿으면 산다"는 말을 이해하지 못합니다. 인간은 죽은 존재라는 것을 상상도 하지 못하고 있기 때문입니다. 겨우 이해한다고 해도 죽었다가 나중에 다시 부활하는 정도일 뿐이지, "살았다 하나 죽었다"라는 의미를 이해하지 못합니다.

결국 자신은 죽은 자라는 것을 모르기 때문에 생명에 대한 갈급함이 사라지게 됩니다. 생명은 죽은 자만 원합니다. 살아있는 사람에게 생명은 아무 의미가 없습니다. 때문에 아무리 신자라고 해도 자신이 죽은 자임을 알지 못한다면 생명을 바라보지 않게 되는 것입니다.

그래서 하나님은 자신을 죽여 놓고 살리시는 방법을 취하시는 것입니다. 원망이 나오도록 하시고, 그 죄 속에서 죽게 하시고, 자신의 죽음을 알게 하셔서 생명 되는 분을 바라보게 하시는 것이 하나님의 구원의 일입니다. 세상에서의 생명이 아니라 그리스도 안에서 쉼을 얻는 영원한 생명에 모든 관심을 두게 하십니다. 이것이 하나님께서 여러분을 살리시는 하나님의 일입니다.

말씀을 생각하며

1. 오늘의 말씀에서 가장 마음에 남는 말씀은 어떤 말씀입니까?
   _____
   _____
   _____
   _____

2. 왜 그 말씀이 마음에 남습니까?
   _____
   _____
   _____
   _____

3. 오늘의 말씀을 읽고, 나의 신앙생활 속에서 고쳐야 할 점은 무엇입니까?
   _____
   _____
   _____
   _____

한 주간의 기도 제목

나 _____
가정 _____
교회 _____

제26과

신앙의 안목을 가진 여인

성경 : 수 2:1-24
찬송 : 450, 595장

"그러므로 이제 청하노니 내가 너희를 선대하였은즉 너희도 내 아버지의 집을 선대하도록 여호와로 내게 맹세하고 내게 증표를 내라"(수 2:12)

여호수아가 가나안 정복을 앞두고 싯딤에서 두 사람의 정탐꾼을 보내어 그 땅과 여리고를 엿보고 돌아오도록 하였습니다. 여리고는 성벽이 튼튼한 난공불락의 도시였습니다. 그래서 미리 상황을 파악하고자 정탐꾼을 보낸 것입니다. 그들이 가서 라합이라는 기생의 집에 들어가 유숙을 하게 되었습니다. 라합은 정탐꾼들을 숨겨 주었고, 그녀의 헌신적인 행동으로 이스라엘과 자기와 가족을 구원하는 놀라운 역사를 이루었습니다.

1. 사람을 바로 보는 안목

기생의 집에는 많은 사람이 오고 갔습니다. 그런데 그녀가 만난 두 사람은 전혀 달랐습니다. 그 사람은 우리들과 다르다는 것을 라합은 즉각 알아봤습니다. 두 사람은 하나님을 믿는 이스라엘 사람이요, 정탐꾼임을 알았습니다. 숨겨 달라는 그의 요청에 라합은 생명을 걸고 그 일을 합니다. 만약에 정탐꾼을 숨겨 줬다는 것이 발각이 되면 즉시 죽임을 당할 것을 알면서도 라합은 두 사람을 숨겨 줍니다. 이런 결단이 어디서 왔느냐 하면 사람을 바로 보는 안목을 가지고 있었기 때문입니다. 우리도 사람을 바로 보는 안목을 가져야 합니다.

기생 라합은 비록 천한 여인이었지만 사람을 바로 보는 안목을 가졌습니다. 믿음으로 기생 라합은 정탐꾼을 평안히 영접하였으므로 복을 받았다고 했습니다(히 11:31). 여러분들도 사람을 바로 보는 안목을 소유하기를 원합니다.

2. 역사를 바로 보는 안목

역사를 바로 보는 안목을 가진 사람이 지혜로운 사람입니다. 역사는 쓸모없는 흘러간 이야기가 아닙니다. 역사 속에는 삶을 돌이켜 보며 미래를 준비하라는 하나님의 교훈이 담겨져 있습니다. 라합은 그것을 알았습니다. 지금은 여리고 성이 아무도 넘을 수 없는 철벽이지만, 하나님 계획 앞에서는 여리고 성을 아무것도 아닌 모래성으로 알았습니다.

그래서 라합은 "우리는 하나님께서 당신들과 함께 이곳까지 오는 이야기를 들으면서 우리의 간담이 녹았습니다. 우리 여리고성은 하나님의 약속대로 당신의 백성의 땅이 될 겁니다. 그러니 그대들은 나와 내 가족을 살려주시오"라고 말했습니다. 그는 하나님의 역사를 분명히 알았습니다.

이 세상은 하나님의 뜻대로 하나님의 계획대로 되는 것을 알아야 합니다. 개인도 마찬가지입니다. 내 인생은 내 맘대로 내가 가는 것이 아니고 하나님의 계획대로 하나님의 뜻대로 내가 되어 진다는 사실을 알 때, 그 사람은 바로 서서, 하나님의 뜻을 바라보고 힘차게 전진할 수 있습니다. 우리는 하나님의 역사를 보는 눈을 가져야 됩니다. 흔들리지 않으려면 분명한 하나님의 역사를 알아야 합니다. 라합은 분명한 하나님의 역사를 알기 때문에 그는 자신 홀로라도 하나님 편에 서기를 주저하지 않았던 것입니다.

3. 하나님을 보는 영적 안목

라합은 두 정탐꾼이 잠자리에 들기 전에 그들에게 "여호와께서 이 땅을 너희에게 주신 줄을 내가 아노라 우리가 너희를 심히 두려워하고 이 땅 주민들이 다 너희 앞에서 간담이 녹나니 이는 너희가 애굽에서 나올 때에 여호와께서 너희 앞에서 홍해 물을 마르게 하신 일과 너희가 요단 저쪽에 있는 아모리 사람의 두 왕 시혼과 옥에게 행한 일 곧 그들을 전멸시킨 일을 우리가 들었음이니라"(수 2:9-10)고 말합니다. 라합이 믿는 하나님은 곧 "상천하지의 하나님"이었습니다. 이 하나님이 이스라엘과 함께하신다는 것을 알고, 하나님의 역사를 위하여 그 정탐꾼들을 목숨을 걸고 돕는 것입니다.

라합은 하나님을 바로 보는 영적인 안목을 가지고 있었습니다. 그래서 자신들이 지금까지 섬겨오던 우상을 과감히 버리고 그는 '상천하지에 여호와는 살아있다'는 고백을 합니다. 우리가 위대한 승리자가 되려면 지금까지 내가 잘못 알고 있었던 것을 하나님 앞에 과감히 버릴 줄 알아야 됩니다.

하나님은 우리의 승리자이십니다. 여호와는 우리를 치유해 주시는 분이십니다. 여호와는 우리의 평강이십니다. 여호와는 우리와 함께하시는 분이십니다. 여호와는 우리를 위해 준비하시는 분이십니다. 하나님을 바로 보는 영적인 안목, 신앙적인 안목을 소유하므로, 기생 라합과 같이 하나님의 복을 누리는 성도들이 되어야 하겠습니다.

말씀을 생각하며

1. 오늘의 말씀에서 가장 마음에 남는 말씀은 어떤 말씀입니까?

2. 왜 그 말씀이 마음에 남습니까?

3. 오늘의 말씀을 읽고, 나의 신앙생활 속에서 고쳐야 할 점은 무엇입니까?

한 주간의 기도 제목

나
가정
교회

7월

믿음의 선배를 본 받아

◆

무너져 내린 여리고성

아이성을 멸하신 하나님

양털에만 내린 이슬

삼백 명으로 구원하신 하나님

제27과

무너져 내린 여리고성

성경 : 수 6:1-16
찬송 : 356, 585장

"제사장 일곱은 양각 나팔 일곱을 잡고 여호와의 궤 앞에서 계속 행진하며 나팔을 불고 무장한 자들은 그 앞에 행진하며 후군은 여호와의 궤 뒤를 따르고 제사장들은 나팔을 불며 행진하니라 그 둘째 날에도 그 성을 한 번 돌고 진영으로 돌아오니라 엿새 동안을 이같이 행하니라 일곱째 날 새벽에 그들이 일찍이 일어나서 전과 같은 방식으로 그 성을 일곱 번 도니 그 성을 일곱 번 돌기는 그 날뿐이었더라"(수 6:13-15)

이스라엘 백성들은 하나님이 명령하신 대로 순종하여 여리고 성을 함락시키고, 두 정탐꾼을 구해 준 라합과 그 가족의 생명을 구하였습니다. 라합은 정탐꾼과 약속한 대로 창문에 붉은 줄을 매달고 온 가족과 함께 구원을 기다리고 있었음에 틀림없습니다. 만약 라합과 그의 가족들이 그 약속을 믿지 못하고 집 밖으로 나가 살려고 했다면 그들은 틀림없이 죽임을 당했을 것입니다. 하지만 그녀는 약속을 믿었기 때문에 자신과 가족을 구할 수 있었습니다.

1. 오직 믿음으로

여리고는 가나안의 일곱 족속 중에서 가장 용맹스러운 군대를 가지고 있는 튼튼하고 강한 나라입니다. 여리고는 이스라엘 백성이 요단강을 건너자 성문을 굳게 잠그고 망루에 올라가 이스라엘 군대가 쳐들어 오면 막을 준비를 하느라 정신이 없었습니다.

"사랑하는 여러분 하나님께서는 우리에게 여리고성을 주신다고 약속하셨습니다. 그러니 여러분은 매일 이 성을 한 바퀴씩 돌고 일곱 번째는 다같이 소리를 지르면 이 성이 무너져 내릴 것입니다."

여호수아는 하나님께서 분부하신 대로 이스라엘 사람들에게 알렸습니다. 양각 나팔을 가진 제사장을 앞에 세웠습니다. 다음에 법궤가 그 뒤를 따랐으며 그 뒤에 군대가 또 그 뒤에는 백성이 뒤를 따르게 하였습니다. 성을 한 바퀴 돌았습니다. 다음 날도 또 그 다음 날도 매일같이 엿새 동안을 하루 한 바퀴씩 돌았습니다. 그때 여리고성 사람들은 성문을 굳게 닫고 성곽 꼭대기에 올라가서 이스라엘 사람들이 매일같이 조용하게 성을 한 바퀴씩 도는 것을 지켜보면서 만약의 사태를 대비해 경계를 게을리 하지 않았습니다.

2. 믿음의 승리

드디어 일곱째 날이 되었습니다. 일곱째 날은 여호수아의 명령대로 여섯 바퀴를 돈 후에 일곱째 바퀴를 돌면서 일제히 함성을 질렀습니다. 그러자 이게 웬일입니까? 그 튼튼하던 여리고성이 무너져 내렸습니다.

여리고성을 매일 한 바퀴씩 돈다고, 여리고성을 향해서 함성을 질러 댄다고 그 튼튼한 성이 무너져 내리겠습니까? 사람의 생각으로는 도저히 불가능한 일입니다. 그렇습니다. 우리가 믿는 하나님은 천지 만물을 지으시고 운행하시는 전능하신 하나님이십니다. 하나님께서 명령하신 대로 순종만 하면 하나님은 우리의 믿음을 보시고 우리에게 큰 승리를 주시는 것입니다.

믿음이란 하나님을 신뢰하는 것입니다. 하나님의 말씀을 조금도 의심 없이 받아들이고 그대로 순종하는 것입니다. 하나님은 여호수아와 이스라엘 백성들이 그 명령을 믿고 따랐던 것처럼 저와 여러분도 하나님 말씀을 믿고 따르기를 원하십니다. 그리고 그런 믿음을 가진 사람들에게 복 주시고 항상 승리의 삶을 살게 하십니다.

3. 여리고를 무너뜨리신 이유

하나님은 여호수아를 통해 어느 때라도 여리고 성을 재건하는 자는 반드시 저주를 받게 될 것이라고 선언하셨습니다. 여리고는 요단 계곡 서쪽 끝부분, 즉 베냐민 지파와 에브라임 지파의 영토를 구분하는 경계 지역인 비옥한 요단 평원 안에 자리 잡고 있지만, 견고한 성 여리고는 무너지고 말았습니다.

하나님이 여리고 성을 재건하지 말도록 하신 데는 이유가 있는데, 무엇보다도 백성들로 하여금 황폐한 여리고 성을 볼 때마다 하나님이 그들에게 베풀어주신 놀라우신 은혜와 능력을 기억하고 영광 돌리게 하기 위한 것이었고, 또한 백성들에게 여리고 성읍 거민이 행한 것과 같은 우상 숭배와 사악한 행위를 할 때 그 결과는 곧 멸망뿐이라는 사실을 주지시켜 죄에 대한 경각심을 갖도록 하기 위한 것이었습니다.

따라서 누구든지 하나님의 공의를 망각하고 하나님의 사랑과 은혜를 오해하여 죄악 가운데 거하며 돌이키려고 하지 않는 사람은 여리고 성이 무너지고 저주를 받았듯이 하나님의 큰 심판을 받게 될 것입니다.

말씀을 생각하며

1. 오늘의 말씀에서 가장 마음에 남는 말씀은 어떤 말씀입니까?
   _____
   _____
   _____
   _____

2. 왜 그 말씀이 마음에 남습니까?
   _____
   _____
   _____
   _____

3. 오늘의 말씀을 읽고, 나의 신앙생활 속에서 고쳐야 할 점은 무엇입니까?
   _____
   _____
   _____
   _____

한 주간의 기도 제목

나 _____
가정 _____
교회 _____

제28과

아이성을 멸하신 하나님

성경 : 수 8:1-19
찬송 : 285, 288장

"여호와께서 여호수아에게 이르시되 네 손에 잡은 단창을 들어 아이를 가리키라 내가 이 성읍을 네 손에 넘겨 주리라 여호수아가 그의 손에 잡은 단창을 들어 그 성읍을 가리키니 그의 손을 드는 순간에 복병이 그들의 자리에서 급히 일어나 성읍으로 달려 들어가서 점령하고 곧 성읍에 불을 놓았더라"(수 8:18-19)

오늘 말씀은 아이 성을 공격하는 데 생긴 문제입니다. 아이 성은 여리고 성에 비하면 아주 작은 성입니다. 그러나 이스라엘 백성들은 아이 성을 정복하지 못하고 실패하였습니다. 본문은 아이 성을 정복하지 못한 이유를 설명하고 있습니다. 그 이유가 무엇이었을까요?

1. 교만했기 때문입니다.

여호수아는 가나안 정복의 앞길을 막고 있는 아이 성을 정복하고자 정탐병을 보냈습니다. 정탐병들은 '수고스럽게 모든 백성을 아이 성 정복에 보낼 필요가 없다'고 보고하였고, 여호수아는 3천명을 파병하였습니다. 이들은 여리고 성을 무너뜨린 저력을 믿고 아주 우습게 생각하였습니다. 하나님께 대한 믿음보다는 자기 경험과 자기 능력을 더 의지하였으며, 영적으로 교만하고, 자만심이 생겼습니다. 이들은 영적으로 교만하고 안일하여 하나님께 기도하지 않았습니다. 그 결과 그들은 대패하여 36명의 사상자를 내었습니다.

이처럼 교만과 안일은 패망의 원인이요 넘어짐의 앞잡이입니다(잠 1:32, 16:18, 18:12). 교만은 하나님께 대한 믿음보다는 자기를 의지하고 자기 욕심에서 옵니다. 교만한 자는 결코 하나님께 쓰임 받을 수 없습니다.

2. 욕심 때문이었습니다.

여호수아는 아이 성 전쟁에서 대패하자 장로들과 함께 하나님께 나아가 간절히 기도하였습니다. 여호수아는 참모회의를 통해서 작전을 짜지 않고, 하나님께 나아가 기도함으로 패배 원인을 찾고, 방향을 잡고자 하였습니다. 그는 하나님의 궤 앞에 엎드려 머리에 티끌을 무릅쓰고 해가 저물도록 기도하였습니다. 그의 기도 제목은 하나님의 이름, 명예가 이방 사람들에 의해서 짓밟히지 않도록 하기 위함이었습니다.

그리고 여호수아는 아침 일찍 일어나 제비를 뽑았습니다. 그 결과 유다의 족속 삽디의 손자요 갈미의 아들인 아간의 죄가 발각되었습니다. 아간은 자기 아내를 위하여 시날산 외투 한 벌, 그리고 아내의 반지를 만들어 주기 위하여 금 50세겔, 은 100세겔을 훔쳐 자기 마루 밑에 숨겨 두었습니다. 아이 성을 정복하지 못한 이유는 아간의 탐욕적인 범죄 때문이었습니다.

생존 경쟁이 치열한 오늘날 탐심이 없으면 어떻게 살 수 있느냐고 할 수 있습니다. 그래서 될 수 있으면 긁어모으려고 합니다. 그러나 탐심은 만 악의 근원이요, 일만 악의 어머니입니다. 그래서 하나님은 탐심을 갖지 말라는 계명을 주셨습니다.

"욕심이 잉태한즉 죄를 낳고 죄가 장성한즉 사망을 낳느니라"(약 1:15), "마음을 다스리는 자는 성을 빼앗는 자보다 낫습니다"(잠 16:32). 우리의 적은 외부의 적보다 내면에 파고드는 악한 탐심에 있습니다. 가나안 사람들이 외부의 적이라면 아간은 내부에 있는 죄인 것입니다.

우리가 영적 전쟁에서 승리하려면 내 안에 있는 욕심을 몰아내어야 합니다. 내 것을 꾸리고자 하고, 사사로이 자기 것을 취하고자 하는 이기주의, 개인주의가 난무할 때 하나님은 결코 우리와 함께하시지 않습니다. 하나님은 내 안에 파고드는 악한 마음인 탐심과 자기 것을 꾸리고자 하고, 형제자매의 마음을 도적질하고자 하는 마음을 회개할 때 나와 함께하십니다. 그리할 때 영적전쟁에서 승리할 수 있습니다.

3. 순종해야 합니다.

여호수아는 하나님의 명령대로 단창을 들어 아이성을 가리켰습니다(18,19절). 여호수아는 방향을 분명히 지시했습니다. 전쟁에서 승패의 결정적 요인은 지휘관이 방향을 어떻게 잡느냐? 입니다. 지휘관이 방향성 없이 우왕좌왕하면 백성들은 방황하고 불안합니다. 그리고 아무리 강한 군사라 할지라도 반드시 패하게 됩니다. 이처럼 지도자의 방향 제시는 아주 중요한 것입니다. 여호수아가 단창을 드는 순간 이스라엘 백성들은 일제히 아이성을 향하여 '돌격 앞으로!' 하였습니다. 그리고 온전히 아이 성을 멸하였습니다. 여호수아는 아이 성을 진멸하기까지 손을 내리지 않았습니다.

지도자가 지시를 하여도 순종치 않고 자기 멋대로 하면 되지 않습니다. 총력을 다하여 순종할 때 영적 전쟁에서 승리할 수 있습니다. 하나님은 하나님의 말씀에 순종하는 자들을 통하여 역사하십니다. 우리는 하나님의 말씀을 순종하고, 지도자의 지시를 따라서 늘 믿음으로 승리하는 삶을 살아야 하겠습니다.

말씀을 생각하며

1. 오늘의 말씀에서 가장 마음에 남는 말씀은 어떤 말씀입니까?
   _____
   _____
   _____
   _____

2. 왜 그 말씀이 마음에 남습니까?
   _____
   _____
   _____
   _____

3. 오늘의 말씀을 읽고, 나의 신앙생활 속에서 고쳐야 할 점은 무엇입니까?
   _____
   _____
   _____
   _____

한 주간의 기도 제목

나 _____
가정 _____
교회 _____

제29과

양털에만 내린 이슬

성경 : 삿 6:36-40
찬송 : 323, 574장

"기드온이 또 하나님께 여쭈되 주여 내게 노하지 마옵소서 내가 이번만 말하리이다 구하옵나니 내게 이번만 양털로 시험하게 하소서 원하건대 양털만 마르고 그 주변 땅에는 다 이슬이 있게 하옵소서 하였더니 그 밤에 하나님이 그대로 행하시니 곧 양털만 마르고 그 주변 땅에는 다 이슬이 있었더라"(삿 6:39-40)

성경에는 기적이라고 말하는 신기한 사건들이 수없이 등장합니다. 홍해가 갈라진 것이나, 여호수아가 전쟁을 할 때 태양과 달이 멈춘 사건 등등 현대 사회에서는 체험할 수도 없고, 볼 수도 없고, 과학적으로 설명할 수도 없는 일들이 마치 아무것도 아닌 일처럼 기록되어 있는 것이 성경입니다.

본문은 미디안 사람과 아말렉 사람과 동방 사람들과의 전투를 앞둔 기드온이 하나님께 기도하여 하나님이 함께 하신다는 표적을 구하는 내용입니다.

1. 기적을 요구하는 기드온

기드온은 하나님께서 자신의 손으로 이스라엘을 구하시려고 하는 것이 틀림없다면 그것을 믿을 수 있는 표적을 보여 달라고 합니다. 37절에 보면 기드온은 "보소서 내가 양털 한 뭉치를 타작마당에 두리니 이슬이 양털에만 있고 사면 땅은 마르면 주께서 이미 말씀하심같이 내 손으로 이스라엘을 구원하실 줄 내가 알겠나이다"라고 말합니다.

이슬이란 자연현상입니다. 그러나 이슬이 어느 특정 지역에만 내리는 것은 아닙니다. 그런데 기드온은 타작마당에 둔 양털에만 이슬이 내리기를 요구합니다. 그렇게 되면 하나님이 자신의 손으로 이스라엘을 구원하시려고 하신다는 것을 믿겠다는 것입니다. 하나님은 기드온의 요구를 들어 주십니다. 그러자 기드온은 다시 한 번 하나님을 시험합니다. 이번에는 양털만 마르고 사면 땅은 다 이슬이 있게 해달라고 합니다. 그리고 하나님은 기드온의 요구대로 그대로 행하십니다.

두 번 모두 기드온의 요구대로 하나님이 행하셨을 때 비로소 기드온은 하나님이 자신의 손으로 이스라엘을 구원하려 하신다는 사실에 대해서 믿게 된 것입니다.

2. 기드온의 요구를 들으시는 하나님

기드온은 하나님이 함께하고 계심을 확인하고 싶었습니다. 그래서 확인의 수단으로 신비한 현상을 일으켜 달라고 요구했습니다. 하나님은 그의 요구를 들어 주셨습니다.

하나님은 기드온의 불신앙에 대해서 책망하지 않고 기드온의 요구대로 기적을 행하셨습니다. 표적을 봐야 믿을 수 있다는 기드온의 요구를 들어주심으로서 기드온으로 하여금 하나님을 신뢰하도록 하시는 하나님을 우리는 보아야 합니다.

양털에만 이슬이 내린다거나 양털만 마른다는 것은 분명 신기한 현상입니다. 더군다나 어느 날 아침에 우연히 일어난 일이 아니라 기드온의 요구대로 두 번이나 반복해서 나타난 현상입니다. 만약 여러분이 기드온의 입장이라고 할 때 여러분이 요구한 대로 하나님께서 두 번이나 반복하여 신기한 기적과 같은 현상을 일으키셨다면 여러분은 어떤 생각을 하시겠습니까? 나의 믿음이 좋아서 하나님이 기적을 보여주셨다고 생각하지 않겠습니까?

하나님께서 기드온에게 신비한 일을 행하신 것은 하나님이 기드온과 함께 하심을 가르치기 위해서 하신 것입니다. 하나님께 선택된 사람은 하나님이 함께하심을 믿고 하나님을 의지하며 살라는 것입니다.

3. 기적을 일으키시는 하나님을 보아야 합니다.

성도란 하나님이 주신 기적을 증거하는 증인의 위치에 있는 것이지, 기적을 행하는 위치에 있지 않음을 알아야 합니다. 따라서 그 어떤 기적이 주어졌다고 해도 그 사람에게 관심을 두는 것은 잘못입니다. 기적은 믿음이 있는 사람에게만 주어지는 것이 아님을 기드온을 통해서 확인할 수 있기 때문입니다. 따라서 많은 사람들이 하나님의 기적을 체험하고자 하고 기적에 대한 체험이 마치 구원의 증표인 것처럼 생각하는 것은, 기적과 기적을 주시는 하나님에 대한 무지로 인한 결과라고 말할 수밖에 없습니다.

기적은 믿음의 증거도 아니고 구원의 조건도 아니며 하나님의 백성이라는 증거로 활용할 수 있는 것도 아닙니다. 즉 기적이 일어난 사람이기 때문에 분명 하나님의 백성일 것이라는 생각 자체가 기적을 일으키시는 하나님의 의도에 대해서는 전혀 무시하고 있다는 증거인 것입니다.

기적에 관심을 두지 말고 기적을 받은 사람에게도 관심을 두지 말고 기적을 주신 하나님에게 관심을 두신다면 기적에 대해서 이해하기가 쉬울 것입니다.

말씀을 생각하며

1. 오늘의 말씀에서 가장 마음에 남는 말씀은 어떤 말씀입니까?
   _____
   _____
   _____
   _____

2. 왜 그 말씀이 마음에 남습니까?
   _____
   _____
   _____
   _____

3. 오늘의 말씀을 읽고, 나의 신앙생활 속에서 고쳐야 할 점은 무엇입니까?
   _____
   _____
   _____
   _____

한 주간의 기도 제목

나 _____
가정 _____
교회 _____

제30과

삼백 명으로 구원하신 하나님

성경 : 삿 6:33-7:25
찬송 : 331, 351장

"여호와께서 기드온에게 이르시되 내가 이 물을 핥아 먹은 삼백 명으로 너희를 구원하며 미디안을 네 손에 넘겨 주리니 남은 백성은 각각 자기의 처소로 돌아갈 것이니라 하시니"(삿 7:7)

오늘의 말씀에는 기드온이 지휘하는 300용사가 십삼만 오천의 대군을 파하고 전쟁에서 승리하는 사건이 나오는데, 전쟁의 승패는 결코 숫자에 달린 것이 아님을 배울 수 있습니다. 어떻게 이런 기적과 같은 일이 일어날 수 있습니까? 기적은 우연히 일어난 것이 아니고 삼백 용사의 정신자세에서 그 원인을 찾아볼 수 있습니다. 그러나 더 중요한 원인은 그들을 쓰신 하나님에게서 찾아야 합니다. 오늘 말씀에서 소수의 용사를 통해 구원의 역사를 창조하시는 하나님의 역사 방법을 배울 수 있기를 기도합니다.

1. 하나님의 영이 임했습니다.

하나님의 부르심을 받은 기드온이 바알과 아세라 상을 찍고 있을 때, 미디안 사람과 아말렉 사람과 동방 사람들이 요단을 건너와 이스르엘 골짜기에 진을 쳤습니다. 그들의 군사는 마치 메뚜기 떼의 중다함 같았고, 그들이 끌고 온 낙타는 해변의 모래와 같이 많았습니다. 기드온은 적군의 숫자에 기죽지 않고 나팔을 불어 군대를 소집했습니다. 그러자 아비에셀 족속과 므낫세와 아셀과 스불론과 납달리 족속들도 모두 올라와서 기드온의 군대가 되었습니다.

기드온이 이스라엘의 지도자로 세움 받을 수 있었던 것은 하나님의 신이 임했기 때문이었습니다. 이것은 구약시대 모든 지도자의 공통된 특징이었습니다. 모세, 여호수아, 삼손, 입다와 사울, 다윗이 모두 하나님의 영이 임했을 때 능력과 지혜를 받아 이스라엘의 지도자로 활동할 수 있었습니다. 기드온도 모든 면에서 부족하였지만, 하나님의 영이 임하시고, 하나님이 쓰시고자 할 때 하나님의 능력과 지혜로 지도자가 될 수 있습니다.

2. 하나님이 선택한 300명의 정예군

기드온의 군사는 의병 3만 2천명이었습니다. 그때 하나님은 기드온에게 말씀하시기를, "너를 따르는 백성이 너무 많은즉 내가 그들의 손에 미디안 사람을 넘겨 주지 아니하리니"(삿 7:2)라고 말씀하십니다. 어떻게 3만 2천의 군사가 너무 많다고 말씀하십니까? 메뚜기떼와 같이 많은 적군과 비교하면 그야말로 '새 발의 피'밖에 안 되는 숫자인데 말입니다.

하나님이 필요한 숫자는 도저히 인간의 힘으로 이겼노라고 자랑할 수 없는 최소의 숫자이기 때문입니다. 우리는 여기에서 하나님의 역사방법을 배울 수 있습니다. 하나님은 인간이 자랑할 만한 일에는 구원의 역사를 이루지 아니하십니다. 그러나 인간이 자랑할 수 없고 인간의 힘으로 불가능한 일에 개입하시기를 기뻐하십니다. 이것이 바로 하나님의 역사 원칙인 것입니다. 그래서 사도 바울은 "내가 부득불 자랑할진대 내가 약한 것을 자랑하리라"(고후 11:30)고 했습니다. 또한 "내가 그리스도를 위하여 약한 것들과 능욕과 궁핍과 박해와 곤고를 기뻐하노니 이는 내가 약한 그 때에 강함이라"(고후 12:0)고 했습니다. 우리도 바울처럼 나의 약한 것들을 자랑할 수 있기를 바랍니다.

3. 승리의 비결은 확신입니다.

승리의 비결은 확신에 있습니다. 나팔소리는 전쟁에서의 승리를 상징합니다. 하나님께서 이미 승리를 주셨다는 것입니다. 그리고 하나님의 빛으로 승리할 수 있었습니다. 내 안의 자아가 온전히 깨지고 복음의 빛을 발할 때 그 복음이 승리를 줍니다. 삼백 개의 횃불이 동시에 비쳤기에 이길 수 있었습니다. 한 개의 횃불로는 약대 한 마리도 놀라지 않았을 것입니다. 그러나 그 빛이 합쳐져서 300개의 빛이 되었을 때 놀라운 힘을 발휘했습니다. 우리가 복음을 위하여 하나가 될 때 놀라운 하나님의 역사를 이룰 수 있습니다. 우리 한 사람 한 사람이 복음의 횃불을 비출 때 이 땅의 죄와 사망권세를 완전히 파할 수 있을 것입니다.

그리고 기드온의 군사들이 "여호와를 위하여, 기드온을 위하여"라고 외쳤습니다. 기드온은 이스라엘을 대표하는 핍박받는 백성입니다. 따라서 기드온을 위한다는 것은 죄로 고통 받는 하나님의 백성을 위한 것이요, 이 시대를 위하는 것입니다. 또 여호와를 위한다는 것은 이 땅에 무너져 내린 하나님의 이름을 위하는 것입니다. 이 전쟁의 목적은 바로 하나님의 영광을 회복하는데 있었던 것입니다.

이 시대는 기드온의 300명의 용사와 같은 그리스도인을 요구합니다. 용사는 훌륭하고 능력 있는 사람이 아니라 하나님을 위해 살며, 민족 구원을 위해 헌신하고자 하는 올바른 정신을 가진 자입니다. 우리 한 사람 한 사람이 기드온의 300 용사가 되어 하나님이 쓰실 만한 이 시대의 인생들이 되기를 원합니다.

말씀을 생각하며

1. 오늘의 말씀에서 가장 마음에 남는 말씀은 어떤 말씀입니까?
   _____
   _____
   _____
   _____

2. 왜 그 말씀이 마음에 남습니까?
   _____
   _____
   _____
   _____

3. 오늘의 말씀을 읽고, 나의 신앙생활 속에서 고쳐야 할 점은 무엇입니까?
   _____
   _____
   _____
   _____

한 주간의 기도 제목

나 _____
가정 _____
교회 _____

8월

은혜와 사랑을 증거하는 삶

◆

벧세메스의 두 암소 (1)

벧세메스의 두 암소 (2)

자기 생명처럼 사랑한 친구

하나님의 세 가지 음성

제31과

벧세메스의 두 암소 (1)

성경 : 삼상 6:7-16
찬송 : 73, 537장

"그 사람들이 그같이 하여 젖 나는 소 둘을 끌어다가 수레를 메우고 송아지들은 집에 가두고 여호와의 궤와 및 금 쥐와 그들의 독종의 형상을 담은 상자를 수레 위에 실으니 암소가 벧세메스 길로 바로 행하여 대로로 가며 갈 때에 울고 좌우로 치우치지 아니하였고 블레셋 방백들은 벧세메스 경계선까지 따라 가니라"(삼상 6:10-12)

옛날에는 소가 농부에게 있어서 논밭을 갈고 각종 짐을 실어 나르는데 있어서 없어서는 안 될 귀한 자산이었습니다. 그리고 소는 죽어서 살과 피를 모두 사람들의 식료로 제공합니다. 가죽과 뼈, 기름도 몽땅 남기지 않고 희생의 제물로 제공합니다. 소란 희생, 봉사, 인내, 무언의 교훈을 우리에게 안겨 주고 있습니다. 오늘 본문에 등장한 벧세메스를 향해 가는 암소 두 마리는 우리에게 더욱 깊은 감명을 주고 있습니다.

1. 법궤를 암소에게 지우고

법궤는 이스라엘의 광야 생활에 있어서 그들의 생의 중심 목표였습니다. 법궤의 방향에 따라 그들의 생의 방향을 결정하고, 법궤를 앞세우고 그들은 법궤가 가는 방향을 따라서 40년 위험한 광야 길을 안전하게 걸어갈 수 있었습니다.
블레셋 사람들은 자기들 제사장과 복술자를 부른 다음 블레셋 사람들의 방백의 수효대로 금 독종 다섯과 금 쥐 다섯을 만들어 하나님께 속건제를 드리게 했습니다. 그리고 새 수레를 만들고 멍에를 한 번도 메어보지 못한 암소 두 마리를 끌어 와 수레에 법궤를 싣고 벧세메스로 보냈습니다. 본래 법궤는 이스라엘의 레위 지파 제사장들이 양 어깨에 메고 옮겨야 합니다. 그런데 소 수레에 법궤를 실은 것은 하나님을 섬기는 법도를 전혀 알지 못하는 무지에서 나오는 소행인 것입니다. 십자가를 지지 않는 자기 편리주의는 인본주의와, 진리가 없는 형식적 종교는 재난을 초래하는 결과를 가져올 뿐입니다.

2. 어린 송아지를 버려두고

블레셋에 끌려온 두 암소는 수레를 한 번도 끌어보지 못했을 뿐만 아니라 두 마리가 다 새끼가 있습니다. 법궤를 수레에 싣고 가야 하기 때문에 새끼와 함께 갈 수 없습니다. 말 못하는 짐승이지만 배고파 어미를 부르는 송아지, 새끼들의 목멘 소리를 듣고도 법궤를 싣고 가야만 하는 어미 소들, 그 심정은 오죽했겠습니까? 그렇지만 두 암소는 눈물을 흘리면서 벧세메스를 향하여 간 것입니다. 주님의 십자가를 지고 가는 하나님의 사람이라면 인정, 사정, 애정을 모두 버려야 된다는 말씀입니다. 그래야 하나님의 일을 함에 있어서 그 사역에만 열중할 수 있기 때문입니다.

베드로와 안드레는 처음 예수님의 부르심을 받았을 때, 그물과 배를 과감하게 버렸습니다. 부모님 곁을 떠났습니다. 오직 주님만을 따랐습니다. 고기 잡는 도구는 생계를 필요로 하는 도구요, 어부들에게 없어서는 안 될 생명과도 같은 것을 버렸습니다. 또한 부친은 세상에서 가장 사랑하고 인정하는 것을 의미하는데, 그것도 과감하게 버렸다는 것입니다.

주님을 따르는 자는 자기를 부인하고, 자기 십자가를 지고 따라야 한다(마 16:24).고 했습니다. 자기의 부모와 자식을 예수님보다 더 사랑하는 자는 주께 합당하지 아니하다(마 10:37)고 말씀하셨습니다. 그러므로 젖먹이 새끼를 버려두고 벧세메스로 향하는 두 암소와 같이, 세상의 것을 다 버리고 오직 주님만을 따라가야 합니다.

3. 울며 벧세메스 길로 가는 암소

어릴 때 시골에서 송아지가 어느 정도 크면 어미 소와 이별할 때가 됩니다. 어미 소는 자기 새끼가 팔려갈 것을 미리 알고 잠도 안자고 새끼를 혀 끝으로 핥아주며 머리로 새끼를 쓰다듬어 주는 것을 보았습니다. 아침이 되어 주인이 자기 새끼를 소 장사에게 보내자 새끼는 어미를 안 떨어지려고 버티며 어미를 부릅니다. 어미 소는 끌려가는 새끼를 보고 눈물을 줄줄 흘립니다.

블레셋 사람들의 채찍을 맞으면서 두 암소는 울면서 벧세메스를 향하여 갑니다. 벧세메스로 가는 길은 다윗 왕이 그 아들 압살롬의 반란으로 인하여 쫓겨나서 맨발로 울면서 올라간 감람산 길입니다(삼하 15:30). 또한 예수님께서 인류의 죄를 위하여 심한 통곡과 눈물을 흘리신 기드온 시내 저편 겟세마네 길(눅 22:44)과 상통하는 길입니다(히 5:7). 주님을 사랑하는 자에게는 벧세메스로 가는 두 암소와 같이 뜨거운 많은 눈물이 있어야 합니다.

주님이 가신 십자가의 길은 눈물 없이는 못가는 길이요, 피 흘림이 없이는 못가는 길입니다. 역경과 고난의 가시 밭 길이었습니다. 영광의 면류관은 눈물의 가시 밭 길을 통과한 자들에게 주어지는 상급입니다. 영광의 면류관은 눈물 없이 주어지지 않습니다. 우리도 우리에게 지워진 십자가를 묵묵히 지고 주님을 따를 수 있기를 원합니다.

말씀을 생각하며

1. 오늘의 말씀에서 가장 마음에 남는 말씀은 어떤 말씀입니까?
   _____
   _____
   _____
   _____

2. 왜 그 말씀이 마음에 남습니까?
   _____
   _____
   _____
   _____

3. 오늘의 말씀을 읽고, 나의 신앙생활 속에서 고쳐야 할 점은 무엇입니까?
   _____
   _____
   _____
   _____

한 주간의 기도 제목

나 _____
가정 _____
교회 _____

제32과

벧세메스의 두 암소 (2)

성경 : 삼상 6:7-16
찬송 : 73, 537장

"그 사람들이 그같이 하여 젖 나는 소 둘을 끌어다가 수레를 메우고 송아지들은 집에 가두고 여호와의 궤와 및 금 쥐와 그들의 독종의 형상을 담은 상자를 수레 위에 실으니 암소가 벧세메스 길로 바로 행하여 대로로 가며 갈 때에 울고 좌우로 치우치지 아니하였고 블레셋 방백들은 벧세메스 경계선까지 따라 가니라"(삼상 6:10-12)

두 암소는 울면서 벧세메스 길로 가는데, 좌우로 치우치지 아니하고 신앙의 정로로 행한 것입니다. 좌우로 치우치지 않고 정로로만 행하려면 정확하게 목표가 있어야 합니다. 목표가 없이는 좌우로 치우치게 됩니다. 정로가 분명해야 합니다. "벧세메스"란 말은 '태양의 궁'이란 뜻입니다. 이는 태양신 샤마슈(Shemesh)의 예배가 행해진 것을 나타내며 몇 개의 성읍이 이 이름으로 불리고 있다고 합니다. 해바라기가 태양을 향하듯이 우리의 태양은 의의 태양되신 예수 그리스도가 되십니다. 예수께서 계신 궁은 하늘 성소입니다. 우리는 언제나 하늘 성소를 향하여 분명한 목표를 정하고 정로로 달려가야 합니다.

1. 생각이 일치해야 됩니다.

두 암소는 하나님의 법궤를 같이 싣고 갈 때, 그 생각은 법궤를 귀중하게 여기는 데 일치한 것입니다. 오른편의 소는 오른쪽으로, 왼편의 소는 왼쪽으로 기울어질 가능성이 있습니다. 그러나 두 암소가 자기들의 방향으로 치우치지 않은 것은 가운데 있는 법궤를 중심했기 때문입니다. 우리는 개인의 취미와 성향을 따라서 신앙생활을 해서는 안 됩니다. 하나님을 중심으로 하는 신앙생활을 해야 합니다. 이때 일치의 가능성이 성립되는 것입니다. 이들은 목적이 하나요, 보조가 하나요, 사명이 하나요, 생각이 같아야 합니다.

그러므로 좌우로 치우치지 않고 정로로만 달려갈 수 있었습니다. 성도들의 일치의 요인은 주님을 중심하는 하나님 제일 신앙으로 결합하는 데 있습니다. 빌립보 교회는 사랑이 넘치는 좋은 교회인데 이 교회에 유오디아 집사와 순두게 집사가 생각이 일치하지 못했던 것 같습니다. 그래서 사도바울은 주 안에서 같은 마음을 품으라고 권면하고 있습니다. 유오디아와 순두게가 다 같이 주님의 마음을 품을 때 진실로 하나가 될 수 있다는 것입니다.

2. 좌우로 치우치면 안 됩니다.

고린도전서 15:58에 "그러므로 내 사랑하는 형제들아 견실하며 흔들리지 말고 항상 주의 일에 더욱 힘쓰는 자들이 되라 이는 너희 수고가 주 안에서 헛되지 않은 줄 앎이라"고 했습니다. 좌우로 치우치지 말라는 것은 견고하고 흔들려서는 안 된다는 말씀입니다.

우리의 신앙이 지적인 면에 치우치면 바리새적인 형식주의 신자가 되기 쉽고, 정적인 면에 치우치면 광신주의적인 신비주의자가 됩니다. 의지적인 면에 치우치면 사두개인적인 현실주의자가 됩니다. 그러므로 우리는 지정의를 조화시킨 신앙을 소유해야 합니다. 그 비결은 중심에 법궤가 있어야 합니다. 다시 말하면 하나님 중심, 하나님 주권, 하나님 제일주의의 신앙을 가지는 데 있습니다. 두 암소는 자기의 성향을 따라서 좌우로 치우칠 경향이 있었겠지만, 가운데 하나님의 법궤가 있었기에 좌우로 치우치지 않았습니다. 좌우로 흔들리지 않았습니다. 하나님의 백성들은 이쪽도 저쪽도 치우치지 말고, 오직 한 길, 하나님의 법궤를 중심하는 신앙을 가져야 합니다.

3. 두 암소는 희생의 제물이 되었습니다.

하나님의 거룩한 법궤를 싣고 벧세메스까지 올라 온 두 암소는 벧세메스에 도달한 다음 제단에 희생 제물로 죽임을 당했습니다. 눈물로 걸어온 길, 배고파 우는 송아지를 뒤로하고 달려 온 벧세메스에서 이제 희생되어 제물이 되어야 했습니다. 애써 끌고 온 수레를 패서 나무로 사용하고, 두 암소는 잡아서 번제로 하나님 제단에 드렸습니다. 수레도. 살도. 가죽도. 뼈도. 기름도. 젖을 먹이지 못해서 잔뜩 불어있는 우유까지 몽땅 불태워졌습니다.

여기서 나무는 십자가의 상징이요, 번제물은 예수님을 의미하며, 소를 잡았던 무리들은 유대인들이요, 블레셋 방백들은 제사장들의 모형으로 보여주는 것입니다. 유대의 장로들과 제사장들이 예수님을 시기하여 빌라도에게 넘겨주고, 무리들은 예수님을 십자가에 못 박았습니다(마 27:1-2). 예수님은 십자가상에서 온전히 우리를 위하여 희생의 제물이 되어 단번에 우리의 죄를 대속하신 것입니다(히 7:27).

벧세메스에 올라간 암소가 죽어서 살과 피와 가죽과 기름과 뼈까지 몽땅 번제가 되었던 것처럼, 우리는 예수 그리스도를 위하여 우리의 재간도, 재물도, 지식도, 생명도, 전부를 드려야 합니다. 주님을 위해 온전히 봉사할 수 있는 성도들이 되기를 원합니다.

말씀을 생각하며

1. 오늘의 말씀에서 가장 마음에 남는 말씀은 어떤 말씀입니까?
   _____
   _____
   _____
   _____

2. 왜 그 말씀이 마음에 남습니까?
   _____
   _____
   _____
   _____

3. 오늘의 말씀을 읽고, 나의 신앙생활 속에서 고쳐야 할 점은 무엇입니까?
   _____
   _____
   _____
   _____

한 주간의 기도 제목

나 _____
가정 _____
교회 _____

제33과

자기 생명처럼 사랑한 친구

성경 : 삼상 18:1-4
찬송 : 219, 475장

"다윗이 사울에게 말하기를 마치매 요나단의 마음이 다윗의 마음과 하나가 되어 요나단이 그를 자기 생명같이 사랑하니라 그 날에 사울은 다윗을 머무르게 하고 그의 아버지의 집으로 다시 돌아가기를 허락하지 아니하였고 요나단은 다윗을 자기 생명같이 사랑하여 더불어 언약을 맺었으며 요나단이 자기가 입었던 겉옷을 벗어 다윗에게 주었고 자기의 군복과 칼과 활과 띠도 그리하였더라"(삼상 18:1-4)

성경 속에서 가장 진실한 우정의 관계를 지닌 사람을 든다면 요나단과 다윗의 우정을 들 수 있습니다. 두 사람은 서로 경쟁관계의 위치에 있었습니다. 왕권을 놓고 치열하게 다툴 수밖에 없는 숙명의 정치적 경쟁관계였습니다. 군주시대에 왕권을 놓고 다툰다면 한 사람은 죽임을 당할 수밖에 없습니다.

이기적 욕망이 점점 더 팽배해져서 참된 우정을 찾아보기 힘든 시대에 우리는 살고 있습니다. 이러한 시대에 이해타산과 혈연적 사슬까지 극복하고 이상적인 우정을 나눌 수 있었던 그들의 우정은 어떤 것이었을까요?

1. 한마음을 갖는 우정

세상에는 세 가지 유형의 친구가 있는데, 끼니와도 같아서 매일 거를 수가 없는 가까운 친구가 있고, 약과 같이 가끔씩 만나야 할 친구도 있습니다. 그런가 하면 질병과 같아서 피하지 않으면 안 될 친구가 있습니다.

참된 친구는 마음이 상호 연락되어야 합니다. "요나단의 마음이 다윗의 마음과 하나가 되어 요나단이 그를 자기 생명같이 사랑하니라"(삼상 18:1)고 했습니다. 마음이 통하는 친구와 함께 있으면 평안해집니다. 진정한 우정은 마음이 하나로 묶어질 때 가능합니다. 이심전심(以心傳心)이라는 말이 있듯이, 마음이 하나가 되면 상대방의 마음이 나에게 전달되어 상대방과 같은 생각을 하게 됩니다.

"사람이 친구를 위하여 자기 목숨을 버리면 이보다 더 큰 사랑이 없나니"(요 15:13). 이 세상에 친구를 위하여 목숨을 버리는 사람이 어디 있습니까? 여러분 친구 중에 여러분을 위하여 목숨을 버릴 친구가 있습니까? 나를 위해 목숨을 버릴 수 있는 그 친구는 누구입니까? 바로 예수님이십니다. 예수님이 나의 친구여야 합니다. 우리는 예수님과 진정한 우정을 나누기 위해서는 다윗과 요나단처럼 마음이 연락되어 예수님과 한마음이 되어야 합니다.

2. 자기 생명보다 더 사랑하는 우정

요나단과 다윗은 자기 생명처럼 서로를 사랑했습니다. 생명이란 말은 위에서 말한 마음이라는 말과 원문이 같습니다. 마음을 주지 않는 우정은 생명력이 없습니다. 그리고 사랑하는 친구에게는 무엇이든 주고 싶어 합니다.

요나단은 다윗을 사랑하여 그를 자신의 집에 머물게 하고 집으로 돌아가지 못하게 했으며, 자신이 입었던 아름다운 겉옷을 벗어 주었고 군복과 칼과 창과 띠를 주었습니다. 당시에는 칼이나 창이 아주 귀할 때였습니다. 이스라엘에는 쇠를 다루는 대장간이 없어서 블레셋 나라에 가야만이 만들어 올 수 있었습니다. 지배자인 블레셋이 이스라엘 사람들에게 무기를 만들어 줄 리가 없습니다. 그러니 무기가 희귀할 수밖에 없는 상황에서 다윗에게 자신의 무기를 건네 준 것입니다. 요나단으로서는 가장 소중한 것을 준 셈입니다. 요나단은 자기 생명같이 사랑했기에 다윗에게 자신이 가지고 있는 것을 아낌없이 줄 수 있었습니다.

예수님도 우리를 당신의 생명같이 사랑했습니다. 그러기에 사랑하는 자를 위해 당신의 생명을 아낌없이 십자가의 제물로 바친 것입니다.

3. 변하지 않는 언약의 우정

요나단은 자기 생명보다도 친구인 다윗을 더 사랑하겠노라고 언약을 맺었습니다. 그리고 그는 자신의 생명을 걸고 약속을 지켰습니다. 우리의 영원한 친구이신 예수 그리스도는 우리를 멸망에서 건져 주셨을 뿐 아니라 날마다 우리의 필요를 채워주시는 분이십니다.

다윗이 왕이 된 후에 친구인 요나단과의 언약을 기억하고 요나단을 위해서 무엇인가를 해 주어야겠다고 생각했지만 친구는 이미 세상을 떠난 뒤였습니다. 다윗은 사람을 시켜서 요나단의 후손 중에 살아남은 자가 있는지를 조사하게 했습니다. 므비보셋이라는 요나단의 아들을 찾게 되었는데, 죽음의 위험을 피하기 위하여 어린 아기를 안고 급히 피하던 유모가 아이를 떨어뜨려 절름발이가 되었던 것입니다. 다윗은 요나단을 생각하며 절름발이 므비보셋을 궁궐로 불러 왕자의 지위를 주고 왕의 상에서 왕과 함께 음식을 먹는 특전을 갖게 했습니다. 다윗은 요나단을 생각하며 므비보셋을 아들처럼 여겼던 것입니다.

친구의 아들 므비보셋을 사랑하는 것이 곧 친구 요나단을 사랑하는 것이 되는 것처럼 주님의 몸된 교회를 사랑하는 것이 바로 예수 그리스도를 사랑하는 것이 됩니다. 예수님을 사랑하는 마음으로 교회를 사랑하는 성도들이 되어야겠습니다.

말씀을 생각하며

1. 오늘의 말씀에서 가장 마음에 남는 말씀은 어떤 말씀입니까?

   _____
   _____
   _____
   _____

2. 왜 그 말씀이 마음에 남습니까?

   _____
   _____
   _____
   _____

3. 오늘의 말씀을 읽고, 나의 신앙생활 속에서 고쳐야 할 점은 무엇입니까?

   _____
   _____
   _____
   _____

한 주간의 기도 제목

나 _____
가정 _____
교회 _____

제34과

하나님의 세 가지 음성

성경 : 삼상 23:15-18
찬송 : 294, 393장

"다윗이 사울이 자기의 생명을 빼앗으려고 나온 것을 보았으므로 그가 십 광야 수풀에 있었더니 사울의 아들 요나단이 일어나 수풀에 들어가서 다윗에게 이르러 그에게 하나님을 힘 있게 의지하게 하였는데 곧 요나단이 그에게 이르기를 두려워하지 말라 내 아버지 사울의 손이 네게 미치지 못할 것이요 너는 이스라엘 왕이 되고 나는 네 다음이 될 것을 내 아버지 사울도 안다 하니라"(삼상 23:15-17)

다윗이 사울을 피해 도피하던 어느 날, 일곱 번째 도피처인 십 황무지 수풀에 있었습니다. 그때 사울의 아들이자 친구인 요나단이 수풀로 다윗을 찾아와 그를 위로해 주었습니다. 어려운 도피생활에서 요나단의 위로가 얼마나 큰 힘이 되었겠습니까? 그때 요나단은 다윗에게 세 가지 영적 선물을 주었습니다. 요나단이 다윗에게 준 세 가지 영적 선물은 우리의 인생살이가 힘들 때 가장 필요한 음성입니다.

1. 하나님을 힘 있게 의지하라고 합니다.

우리는 하나님을 의지할 때 대충 의지하지 말고 힘 있게 의지해야 합니다. 그 믿음은 또 다른 믿음을 낳습니다. 그런 믿음의 파급효과를 계속 경험하다 보면 보편적으로 믿음이 체질화된 사람이 됩니다. 그런 믿음이 몸에 배여 있다는 것이 얼마나 중요한 행복의 요건인지 모릅니다. 믿음이 있는 곳은 천국이 되고, 믿음이 없는 곳은 지옥이 됩니다.

믿지 못하는 것처럼 괴로운 일이 없습니다. 부부관계에서나 친구관계에서 한 번 믿고 나면 그렇게 마음이 편해집니다. 남편을 전적으로 믿는 아내는 남편이 늦게 올수록 사랑의 수은주가 올라가면서 진심으로 남편을 위하는 걱정을 하다가 남편이 들어오면 얼굴이 환해집니다. 반면에 믿지 못하는 아내는 엉뚱한 상상을 하며 의심의 수은주가 올라갑니다. 얼마나 피곤하고 고통스런 삶입니까?

하나님을 힘 있게 의지하려면 두 가지 사실을 꼭 알아야 합니다. 먼저 자신이 인격 장애가 있는 무능한 존재임을 알아야 하며, 나아가 자신이 하나님 안에서 가능성이 있는 무한한 존재임을 알아야 합니다.

2. 안전에 대한 확신을 가지라고 합니다.

어느 목사님이 교회 건축을 하다가 재정이 부족해서 건축을 중도에 포기했습니다. 시간이 지나니까 철근이 녹이 슬고 교회 건물은 흉한 몰골이 되었고 사람들은 손가락질하고 비웃었습니다. 하루는 어떤 사람이 전화를 해서 욕을 하며 따졌습니다. "아니, 그 짓다가 만 건물 때문에 도시 미관이 얼마나 망가지는지 아세요? 도대체 언제까지 그렇게 둘 거요?" 그때 목사님이 말했습니다. "우리가 믿음으로 교회 건축을 시작했는데 지금은 재정이 없어서 공사가 중단되었지만 곧 반드시 짓게 될 것입니다. 잠깐만 참아 주세요." 그 사람이 다시 화를 내며 말했습니다. "내가 매일 그 앞길을 지나가는데 당신 교회 모습만 보면 기분이 나쁩니다. 내일 좀 만납시다!" 그리고 다음 날 그 사람을 만났더니 그 사람이 갑자기 무슨 마음이 들었는지 엄청난 재정을 수표로 적어 주어 교회 건축을 마칠 수 있었다고 합니다. 그처럼 우리가 하나님을 붙들고 최선을 다해 헌신하며 살면 아무리 힘든 상황 중에서도 길을 열어주시고 필요를 채워주시는 하나님의 기적적인 은혜를 체험하게 될 것입니다.

세상 사람들은 동서남북 '사방'만을 바라보지만 성도들에게는 방향이 하나 더 있습니다. 그것은 바로 하늘입니다. 성도에게는 항상 위로 향한 직통

문이 열려 있어 하나님의 능력이 내려와 우리의 삶 전반에 걸쳐 있으면, 우리는 어떤 상황도 극복할 수 있다는 말입니다.

3. 내일의 산 소망을 가지라고 합니다.

아무리 봐도 우리는 부족한 것이 많습니다. 그렇지만 살아 계신 하나님을 믿기 때문에 우리는 소망을 가져야 합니다. 내일은 우리도 다윗보다 더 복된 존재가 될 수 있다는 넘치는 소망이 있어야 합니다. 그 소망이 있다면 무슨 어려움을 당해도 낙심하지 않을 것입니다.

현대인들은 옛날 사람들보다 훨씬 잘 삽니다. 그런데도 절망 가운데 사는 사람들이 많아지고 있습니다. 무엇이 문제입니까? 상대적 박탈감이 문제입니다. 살다 보면 상대적 박탈감은 있지만 그 상대적 박탈감을 이길 수 있어야 합니다. 바보처럼 항상 남만 탓하는 것은 우리 자신의 어리석음과 나약함을 증폭시킬 뿐입니다.

모든 상황에서 무엇보다 중요한 것은 변함없이 하나님을 믿는 믿음이고 하나님이 우리를 도우실 것이라는 확신입니다. 그처럼 우리가 하나님을 힘 있게 의지하고, 어떤 경우에도 안전을 확신하고, 내일의 산 소망을 가지고 살면 하나님의 손길은 결코 우리를 떠나지 않을 것입니다. 지금 어려움이 있어도 어려움 후에는 더 큰 영광이 기다리고 있음을 알고 항상 주님 중심으로 더욱 충성하며 살기를 원합니다.

말씀을 생각하며

1. 오늘의 말씀에서 가장 마음에 남는 말씀은 어떤 말씀입니까?
   _____
   _____
   _____
   _____

2. 왜 그 말씀이 마음에 남습니까?
   _____
   _____
   _____
   _____

3. 오늘의 말씀을 읽고, 나의 신앙생활 속에서 고쳐야 할 점은 무엇입니까?
   _____
   _____
   _____
   _____

한 주간의 기도 제목

나 _____
가정 _____
교회 _____

9월

안식과 새로운 도전

◆

솔로몬의 재판

일평생 하나님 앞에서

하나님이 먹이시는 사람

사르밧 과부의 순종

엘리야의 제단

제35과

솔로몬의 재판

성경 : 왕상 3:16-28
찬송 : 428, 490장

"왕이 이르되 이 여자는 말하기를 산 것은 내 아들이요 죽은 것은 네 아들이라 하고 저 여자는 말하기를 아니라 죽은 것이 네 아들이요 산 것이 내 아들이라 하는도다 하고 또 이르되 칼을 내게로 가져오라 하니 칼을 왕 앞으로 가져온지라 왕이 이르되 산 아이를 둘로 나누어 반은 이 여자에게 주고 반은 저 여자에게 주라"(왕상 3:23-25)

오늘의 말씀은 누구의 말이 옳은지 분간하기 어려운 소송사건에서 솔로몬 왕이 지혜를 유감없이 발휘하는 내용입니다.

함께 사는 두 여인은 공교롭게도 삼 일 간격으로 각자 아들을 낳았습니다. 그런데 어느 날 한 여인이 자기 아들을 압사시키는 일이 일어나고 말았습니다. 그 여인은 키우는 자식을 잃을 수 없다는 강한 집념에 함께 사는 여인의 아들과 자기의 죽은 아들을 몰래 바꿔치기를 했습니다. 아들을 바꿔치기 당한 여인이 새벽에 일어나보니 자신의 아들이 죽어 있었던 것입다. 두 여인은 살아있는 아이가 서로 자기 아이라고 주장했습니다. 어떻게 해야 할까요?

1. 우리가 재판관이라면 어떻게 했겠는가?

오늘날이라면 이것은 별 문제가 되지 않습니다. 유전자 검사를 하면 금방 판별될 것입니다. 그러나 당시에는 유전자 검사와 같은 기술이 없었습니다.

솔로몬은 인간 심리에 대한 놀라운 통찰력을 갖고 있었습니다. 솔로몬은 자식에 대한 독특한 심리 반응을 이용해 이 사건을 심리했습니다. 솔로몬은 살아있는 아이를 둘로 나누어 공평하게 두 여인에게 주라고 명령했습니다. 이것이 판결이라면, 아마 이것은 분쟁을 해결하기 어려울 때 분쟁의 소지를 없앰으로써 소송사건 자체를 말소시키려는 의도로 파악되었을지 모릅니다. 그러나 그것은 공평한 판결은 될 수 없었습니다. 누가 누구의 아이인지 알 수 없는 상황에서 솔로몬의 이 조치는 주변 사람들에게 차선의 판결로 받아들여졌을 것입니다. 이것이 인간의 한계입니다. 솔로몬의 이 판결이 최종 판결이었다면, 자기의 아들을 빼앗긴 여인만 억울하게 되었을 것입니다.

2. 그러나 그 아이의 어머니는 달랐습니다.

솔로몬이 살아있는 아이를 반으로 나누어 분쟁 당사자인 두 여인에게 주라고 명령했을 때 두 여인의 반응은 정반대로 나타났습니다. 자기 아이를 압사시킨 여인은 자기 아이라고 주장하고 있지만, 자기 아이가 아닌, 살아있는 아이가 반으로 나뉘어 죽는 것을 가슴아파하지 않았습니다. 그 아이를 자기 아이로 가질 수 없을 바에야 죽도록 내버려 두자고 생각했던 것입니다. 그 여인은 솔로몬의 판결이 오히려 잘 되었다고 맞장구를 친 것입니다.

그러나 그 아이의 친어미인 여인은 이제 자기의 아이를 찾느냐 빼앗기느냐 하는 것이 문제가 아니었습니다. 자기 아들을 살리느냐 죽이느냐의 문제가 되었습니다. 자기 아들이 죽게 될 것을 생각하니 어머니는 가슴이 불붙는 것 같았습니다. 그리하여 황급히 친권을 포기했습니다. 친권을 다른 여인에게 넘기는 것이 자기의 아이를 살리는 길이기 때문입니다.

이러한 위기 상황에서 나타난 심리는 조작될 수 없는 것입니다. 이 광경을 지켜보던 솔로몬은 최종 판결을 내립니다. "산 아들을 저 여인에게 주고 결코 죽이지 마라. 저가 그 어머니"라고 명합니다.

3. 지혜에는 참 지혜가 있고 세상적 지혜가 있습니다.

우리는 솔로몬의 판결을 보면서, 참된 지혜를 소유하기를 원합니다.

세상적 지혜는 인생에서 성공하기 위해 어떻게 대처해야 하는가를 가르치는 것을 말합니다. 이것은 일종의 세상적 처세술입니다. 그러나 세상적 지혜는 본질적으로 어떻게 바르게 사느냐를 가르치지 않습니다. 또한 세상적 지혜는 성공을 얻은 후, 그 성공을 어떻게 유익하고 의미 있게 사용하느냐에 별 관심이 없습니다. 이것이 세상적 지혜로 성공을 얻고도, 그 성공이 아무것도 아닌 것을 알고, 또 다른 성공을 위해 달려가야 하는 이유입니다.

지혜는 하나님으로부터 오며, 하나님의 말씀이 지혜입니다. 그리고 그 말씀에 순종하는 것이 지혜입니다. 예수님은 제자들에게 뱀처럼 지혜로울 것을 말씀하셨습니다(마 10:16).

잠언 4:7에서도 지혜가 제일이니 지혜를 얻으라고 했습니다. 지혜는 정금이나 보석으로도 바꿀 수 없을 만큼 귀한 것입니다(욥 28:15-18).

"누가 주의 이 많은 백성을 재판할 수 있사오리이까 듣는 마음을 종에게 주사 주의 백성을 재판하여 선악을 분별하게 하옵소서" (왕상 3:9)

말씀을 생각하며

1. 오늘의 말씀에서 가장 마음에 남는 말씀은 어떤 말씀입니까?

2. 왜 그 말씀이 마음에 남습니까?

3. 오늘의 말씀을 읽고, 나의 신앙생활 속에서 고쳐야 할 점은 무엇입니까?

한 주간의 기도 제목

나 _____
가정 _____
교회 _____

제36과

일평생 하나님 앞에서

성경 : 왕상 15:9-15
찬송 : 487장

"아사가 그의 조상 다윗같이 여호와 보시기에 정직하게 행하여 남색하는 자를 그 땅에서 쫓아내고 그의 조상들이 지은 모든 우상을 없애고 또 그의 어머니 마아가가 혐오스러운 아세라 상을 만들었으므로 태후의 위를 폐하고 그 우상을 찍어 기드론 시냇가에서 불살랐으나 다만 산당은 없애지 아니하니라 그러나 아사의 마음이 일평생 여호와 앞에 온전하였으며"(왕상 15:11-14)

이 시간 우리가 하나님 앞에 예배하는데 하나님이 지금 우리가 눈으로 볼 수 있는 분으로 예배를 받으시고 계신다 생각하면 여러분은 예배를 어떻게 드리겠습니까? 우리가 아무리 봐도 하나님이 보이지 않으니까 별 생각을 다하고 별 짓을 다하면서 예배를 드리고 있습니다. 그러나 하나님이 우리 눈으로 보이게 이 자리에 앉아서 여러분들의 예배를 받으신다면 문제가 달라지지 않습니까? 하나님 앞에서 내가 살아가고 또 예배한다고 생각한다면 우리들의 삶의 자세를 어떻게 해야 하겠습니까?

1. 정직한 생활

우리는 흔히 '정직하다'고 하면 '나는 평생 거짓말 한 적이 없고, 나는 배고파 죽을망정 남의 것을 훔쳐 먹는 일이 없으니 정직하다'라는 의미로 생각하시겠지만, 성경에서 말하는 정직은 그런 의미가 아닙니다. 정직이라는 말은 어떤 물건을 훔친 일이 없거나 거짓말을 안 한다는 것과는 상관이 없습니다. 즉 도덕적인 의미가 아니기 때문입니다. 항상 하나님과 좋은 관계를 가지고 살고 하나님과 바른 관계를 가지고 살 때 성경은 정직하다고 합니다.

오늘의 본문에 등장하는 아사왕은 자기 조상 다윗같이 정직했고, "하나님 보시기에 정직했다"고 하였습니다. 사람은 몰라도 하나님은 다 알고 계십니다. 사람은 보지 못해도 하나님은 다 보고 계십니다. 사람은 못 들어도 하나님은 다 듣고 계십니다. 아사왕처럼 하나님이 "옳다"라고 하시면 나도 "옳다" 하고, 하나님이 "나쁘다"라고 하시면 나도 "나쁘다" 하고, 하나님이 "좋다"라고 하시면 나도 "좋다"라고 해야 합니다. 아사왕은 항상 하나님 편에 서서 살았다는 이야기입니다. 이것이 바로 정직입니다.

2. 정리하는 생활

아사가 왕자로 있을 때 자기 어머니가 아세라 신상을 만들어 놓고 그 앞에서 복을 달라고 빌었습니다. 아버지가 살아 계시는데 아들이 어떻게 하겠습니까? 아사가 왕이 된 후에 남색하는 자를 모두 소탕해 버렸습니다. 남색이란 남자끼리 성생활을 하는 것입니다. 그리고 솔로몬과 여로보암이 만들어 놓은 우상을 전부 타파해 버렸습니다. 하나님이 싫어하시는 아세라 신상을 찍어 예루살렘 성 밖에 있는 기드론 시냇가에서 불살라 버렸습니다. 그리고 우상을 숭배하는 어머니를 태후의 자리에서 폐하고 평민이 되게 하였습니다. 이렇게 주변 정리를 철저히 하였습니다.

우리들도 끊어야 할 것을 끊고, 정리해야 할 것을 정리하고, 신앙생활에 걸림돌이 되는 요소들을 철저하게 정리할 수 있어야 올바른 신앙생활을 할 수 있을 것입니다.

3. 성별의 생활

성별이란 말은 구별한다는 말입니다. 내 것과 네 것을 구별해야 됩니까?

그렇지 않으면 구별하지 않아도 됩니까? 구별할 줄 알아야 합니다. 내 아내와 남의 아내를 구별해야 합니다. 내 남편과 남의 남편을 구별해야 합니다. 이것을 구별하지 못하면 큰 변이 납니다. 이것은 알면서 하나님 것과 내 것은 왜 구별하지 않습니까?

아사왕의 아버지 아비얌은 금 그릇과 은그릇이 생기면 하나님의 것이라 하여 따로 구별해 놓았습니다. 그것을 그대로 배운 아들 아사왕 역시 금 그릇만 생기면 이것은 하나님의 것이라 구별하여 하나님의 전에 드렸습니다.

솔로몬의 아들 르호보암 때 애굽왕 시삭이 예루살렘에 쳐들어 왔습니다. 대항해서 싸우다가는 망할 형편입니다. 선물을 두둑이 주어야 돌아갈 것 같으므로 예루살렘 성전에 있는 금이라는 금은 몽땅 가져다 주었습니다. 금 방패 오백과 금 그릇과 은 그릇 심지어는 기둥에 입힌 금까지 몽땅 벗겨 다 주었습니다. 그 후에 아들 되는 아비얌은 금 그릇이 생기기만 하면 주의 성전에 바쳐 빼앗긴 성전의 모든 것을 보수하도록 한 것입니다. 그의 손자 된 아사도 금 그릇이 생기기만 하면 하나님의 것이라 하여 구별하여 드렸습니다.

우리들의 믿음이 하나님의 것은 항상 하나님의 것으로 구별하여 바칠 수 있는 온전한 믿음이 되기를 바랍니다. 일평생 하나님 앞에서 성별의 생활이 있어야 하기 때문입니다. 하나님의 것을 분명히 구별할 줄 알고 또 하나님께 드릴 수 있어야 합니다.

말씀을 생각하며

1. 오늘의 말씀에서 가장 마음에 남는 말씀은 어떤 말씀입니까?
   _____
   _____
   _____
   _____

2. 왜 그 말씀이 마음에 남습니까?
   _____
   _____
   _____
   _____

3. 오늘의 말씀을 읽고, 나의 신앙생활 속에서 고쳐야 할 점은 무엇입니까?
   _____
   _____
   _____
   _____

한 주간의 기도 제목

나 _____
가정 _____
교회 _____

제37과

하나님이 먹이시는 사람

성경 : 왕상 17:1-6
찬송 : 460장

"여호와의 말씀이 엘리야에게 임하여 이르시되 너는 여기서 떠나 동쪽으로 가서 요단 앞 그릿 시냇가에 숨고 그 시냇물을 마시라 내가 까마귀들에게 명령하여 거기서 너를 먹이게 하리라"(왕상 17:2-4)

엘리야는 이스라엘 땅에 가뭄이 계속될 것이라고 아합 왕 앞에서 예언했습니다. 엘리야의 경고 이후에 비가 오는 계절이 다가왔음에도 불구하고 비는 내리지 않고 가뭄이 계속 이어졌습니다. 아합 왕은 엘리야 때문에 가뭄이 계속된다고 생각하여 전국에 지명 수배령을 내려 그를 체포하기 위해 혈안이 되어 있었습니다.

하나님께서는 엘리야를 안전하게 지켜 주기 위하여 얍복강 근처의 그릿 시냇가에 머물러 있으라고 했습니다. 아직 냇물이 마르지 않은 때여서 물 걱정은 없는데 인적이 없는 광야에서 먹을 것을 구할 수가 없었습니다.

1. 까마귀를 통해서 먹이심

엘리야가 그릿 시냇가에 머물러 있는 동안 신비한 일이 벌어졌습니다. 아침저녁으로 까마귀들이 날아와 엘리야에게 떡과 고기를 날라다 주었기에 엘리야는 주림을 면 할 수 있었습니다. 동화 속에나 나올 법한 이야기입니다.

우리는 적어도 두 가지 조건이 갖추어져야 음식을 먹을 수 있습니다. 첫째는 음식을 구입할 수 있는 경제적 능력이고, 둘째는 음식을 먹을 수 있는 건강이 뒷받침 되어야 합니다. 엄밀하게 따지면 경제적 능력이나 건강은 모두 하나님이 주신 것입니다. 엘리야에게 까마귀를 통해 먹을 것을 주신 것이나 지금 내가 먹는 음식이 다를 바가 없습니다.

까마귀를 통해서 하나님이 주신 것입니다. 우리는 지금 인스턴트 가공 식품이 넘쳐나는 시대에 살고 있고 또 그런 것들을 먹고 있습니다. 맛이 덜하고 투박하게 여길지 모르지만 하나님이 주신 자연 그대로의 식품을 먹을 때 하나님이 건강을 주십니다.

건강을 지키려면 올바른 섭생 습관을 가져야 합니다. 더 중요한 것은 하나님께서 우리에게 날마다 일용할 양식을 주신다는 것입니다.

2. 과부의 마지막 떡으로 먹이심

가뭄은 계속되어 엘리야가 머물고 있는 그릿 시냇가에도 물이 말라버렸습니다. 하나님께서 엘리야를 명하여 시돈 땅 사르밧으로 가서 한 과부의 집을 찾아가 머물라고 했습니다. 시돈 땅은 이스라엘 국경 넘어 이방 지역으로서, 마치 우리나라로 말하면 만주 지역과 같은 곳입니다. 이스라엘 영내는 아합 왕의 수배령이 내려졌기 때문에 안전하지 못합니다. 그럴지라도 엘리야를 숨겨줄 만한 믿음이 있는 여인이 없다는 것이 큰 원인이었다고 봅니다.

시돈 땅 사르밧에 도착한 엘리야는 한 여인을 만났고, 그 여인에게 "물만 가지고 오지 말고 네 손에 있는 떡도 가지고 오라"고 부탁을 합니다. 여인에게는 손님을 대접할 만한 음식이 없습니다. 이제 한 움큼의 밀가루와 약간의 기름이 남아있어, 아들과 함께 마지막으로 떡을 구워 먹고 죽으려고 하는 참입니다. 그럼에도 불구하고 엘리야는 작은 떡을 먼저 구워 가지고 나에게 달라고 합니다. 그리하면 가뭄이 그칠 때까지 밀가루 통에 밀가루가 떨어지지 아니하고 기름병에 기름이 마르지 않을 것이라고 했습니다. 사르밧 과부는 엘리야가 명한 대로 행했을 때 가뭄이 끝나도록 그 약속이 이루어졌습니다.

3. 천사를 통해서 먹이심

가뭄의 기간이 3년 반 동안 이어진 후에 엘리야는 아합 왕을 찾아가서 바알 신이 참신인지 여호와 하나님이 참신인지를 갈멜산에서 대결하였습니다. 바알과 아세라 신을 섬기는 850명과의 대결에서 이긴 일로 인하여 이세벨은 엘리야를 죽이려고 했습니다. 엘리야는 이세벨의 칼을 피해서 브엘세바로 도망을 쳤습니다. 그곳에서 하룻길을 광야로 더 들어가 지친 모습으로 로뎀나무 아래 앉아서 하나님께 하소연합니다. "여호와여 넉넉하오니 지금 내 생명을 거두시옵소서"(왕상 19:4).

엘리야는 크게 낙심되어 좌절에 빠져 그곳에서 깊이 잠들어 버렸습니다. 오랫동안 잠자고 있는 엘리야에게 천사가 내려와 그의 얼굴을 어루만지며 "일어나서 먹으라"(왕상 19:5)고 깨웠습니다. 엘리야가 일어나 본 즉 숯불에 구운 떡과 한 병 물이 있었습니다. 엘리야는 음식을 먹은 후에 기진하여 다시 잠들어 버렸습니다. 그런데 또다시 천사가 어루만지며 "일어나 먹으라 네가 갈 길을 다 가지 못할까 하노라"(왕상 19:7)고 했습니다. 엘리야가 일어나 천사가 준 음식을 먹고 힘을 얻어 40주야를 걸어서 호렙산까지 가게 됩니다.

낙심과 좌절에 빠진 인생을 어루만져 주시며 위로해 주시고 새 힘을 줄 수 있는 떡은 바로 말씀의 떡입니다.

말씀을 생각하며

1. 오늘의 말씀에서 가장 마음에 남는 말씀은 어떤 말씀입니까?
   _____
   _____
   _____
   _____

2. 왜 그 말씀이 마음에 남습니까?
   _____
   _____
   _____
   _____

3. 오늘의 말씀을 읽고, 나의 신앙생활 속에서 고쳐야 할 점은 무엇입니까?
   _____
   _____
   _____
   _____

한 주간의 기도 제목

나 _____
가정 _____
교회 _____

제38과

사르밧 과부의 순종

성경 : 왕상 17:8-16
찬송 : 460장

"여호와의 말씀이 엘리야에게 임하여 이르시되 너는 일어나 시돈에 속한 사르밧으로 가서 거기 머물라 내가 그 곳 과부에게 명령하여 네게 음식을 주게 하였느니라"(왕상 17:8-9)

시돈에 속한 사르밧이라는 곳은 이세벨 왕비의 고향이요, 바알 숭배의 본 거지였습니다. 그렇기 때문에 엘리야가 그곳에 숨었을 것이라고는 아무도 의심을 하지 못했을 것입니다. 하나님께서는 가장 안전한 피난처를 예비해 주신 것입니다. 그리고 그곳에서 과부에게 명하여 공궤하게 하겠다고 말씀 하셨습니다. 하나님께서 엘리야 선지자에게는 안전한 피난처를 예비해 주 셨고, 사르밧 과부에게는 복 받을 기회를 예비해 주셨습니다. 하나님께서 는 우리가 어려움을 당할 때 피할 길을 주시는 것입니다.

1. 절망적인 상황에 처한 사르밧 과부

사르밧 과부는 '나와 내 아들을 위하여 음식을 만들어 먹고 그 후에는 죽 으리라'고 할 정도로 절망적인 상황에 처해 있었습니다. 아마 이 과부는 그 지역에서도 가장 가난하고 비참한 환경에 처한 사람이었을 것입니다. 엘 리야는 이 과부에게 "청하건대 그릇에 물을 조금 가져다가 내가 마시게 하 라"(왕상 17:10)라고 했습니다. 왜 먼저 물을 달라고 했겠습니까? 순종하 는지를 보기 위해서입니다. 여러분, 하나님은 작은 일에 순종하는 사람에 게 큰일도 맡겨 주시는 것입니다.

만일 이 과부가 힐끔 쳐다보면서 "왜 당신은 나한테 물을 달라고 합니까?" 하고 휙 가버렸으면 도움을 못 받았을 것입니다. 그러나 물을 달라는 요청을 듣고 물을 가져다주려 하자, 엘리야가 또 말했습니다. "청하건대 네 손의 떡 한 조각을 내게로 가져오라"(왕상 17:11) 이번에는 먹을 것을 가져오도록 했습니다. 그러자 "그가 이르되 당신의 하나님 여호와께서 살아 계심을 두고 맹세하노니"(왕상 17:12)라고 말했습니다. 이 과부는 엘리야를 보자마자 하나님을 믿는 사람, 하나님과 함께하는 사람임을 알았습니다. 그래서 말하기를, "나는 떡이 없고 다만 통에 가루 한 움큼과 병에 기름 조금 뿐이라 내가 나뭇가지 둘을 주워다가 나와 내 아들을 위하여 음식을 만들어 먹고 그 후에는 죽으리라"고 했습니다.

2. 엘리야의 위로와 하나님의 약속

엘리야 선지자는 과부에게 두려워하지 말라, 걱정하지 말라, 염려하지 말라고 했습니다. 자기도 함께 있거니와 하나님도 도와주실 것이라고 말했습니다. 또 "이스라엘의 하나님 여호와의 말씀이 나 여호와가 비를 지면에 내리는 날까지 그 통의 가루가 떨어지지 아니하고 그 병의 기름이 없어지지 아니하리라"(왕상 17:14)고 하나님께서 복 주실 것을 약속해 주었습니다.

문제는 "하나님의 뜻이 무엇인가?"라는 것입니다. '하나님께서 어떻게 말씀하셨는가? 하나님께서 나에게 무엇을 행하실 것인가?'라는 것입니다. 나와 하나님의 관계를 먼저 생각해야 합니다. 오늘날 사람들은 자기 재산, 자기가 가진 것, 자기만 생각합니다. 그러나 우리는 하나님과의 관계 속에서 온 우주를 창조하신 하나님의 뜻을 알아야 합니다. 하나님의 섭리를 알아야 합니다. 하나님께서 나에게 어떻게 도움을 주실까 생각해야 합니다.

꿈을 가지고 목적을 가지고 앞으로 전진하면 하나님께서 마귀의 모든 꿈과 시험을 물리치게 하시고 승리하게 만들어 주시는 것입니다. 그래서 우리는 하나님의 말씀에 귀를 기울여야 하는 것입니다.

3. 믿음과 순종으로 인한 풍성한 복

하나님의 역사는 순종하는 사람에게 나타납니다. 하나님의 사랑은 순종하는 사람에게 나타납니다. 하나님의 기적은 바로 순종하는 사람에게 나타납니다. 문제는 우리가 순종을 하느냐, 안 하느냐 입니다. 이것이 결정적인 것입니다.

엘리야의 말대로 순종을 했더니 통에 가루가 없어지지 않고 병에 기름이 없어지지 않았습니다. 그 기간은 그릿 시냇가의 기간을 빼고 대략 2년 이상이었다고 합니다. 가루를 뜨면 가루가 또 생기고 또 생기고, 기름을 부으면 기름이 또 생기고 또 생기고 계속해서 생겼습니다. 그래서 "그와 엘리야와 그의 식구가 여러 날 먹었으나"(왕상 17:15) 라고 했습니다. 먹고 남아서 일가친척까지 나누어 줄 수 있는 기적을 체험하게 되었습니다. 또한 외아들이 병들어 죽었을 때 하나님께서 살려주시는 기적도 체험하게 되었습니다(왕상 17:17 이하).

하나님의 복을 받으려면 하나님의 목소리를 들어야 합니다. 하나님의 말씀에 순종하고, 하나님의 뜻을 결코 저버려서는 안 됩니다. 순종을 통해서 기적이 나타나는 것입니다.

절망적인 상황 속에서도 믿고 순종하여 하나님의 풍성한 복을 받는 성도가 되기를 원합니다.

말씀을 생각하며

1. 오늘의 말씀에서 가장 마음에 남는 말씀은 어떤 말씀입니까?
   _____
   _____
   _____
   _____

2. 왜 그 말씀이 마음에 남습니까?
   _____
   _____
   _____
   _____

3. 오늘의 말씀을 읽고, 나의 신앙생활 속에서 고쳐야 할 점은 무엇입니까?
   _____
   _____
   _____
   _____

한 주간의 기도 제목

나 _____
가정 _____
교회 _____

제39과

엘리야의 제단

성경 : 왕상 18:30-40
찬송 : 518, 586장

"엘리야가 모든 백성을 향하여 이르되 내게로 가까이 오라 백성이 다 그에게 가까이 가매 그가 무너진 여호와의 제단을 수축하되 야곱의 아들들의 지파의 수효를 따라 엘리야가 돌 열두 개를 취하니 이 야곱은 옛적에 여호와의 말씀이 임하여 이르시기를 네 이름을 이스라엘이라 하리라 하신 자더라"(왕상 18:30-31)

오늘의 본문은 엘리야와 850명의 바알과 아세라 선지자들과의 한 판 대결을 보여주는 진귀한 장면입니다. 아합은 엘리야로 인해 이스라엘 땅에 3년간의 가뭄과 기근이 든다고 생각하고, 그를 찾아 죽이려고 혈안이 되어 있었습니다. 엘리야는 왕에게 한 가지 제안을 했습니다. 과연 이 모든 기근의 원인이 무엇이며, 참된 이스라엘의 신이 누구인가를 가려보자는 것이었습니다. 갈멜산 정상에 각기 제단을 쌓고, 제물에 '불로서 응답하는 신'을 참 신으로 인정키로 한 것입니다. 그러면 엘리야의 제단은 어떤 제단입니까?

1. 여호와의 이름으로 쌓은 제단입니다.

'무너진 제단'이란 짧은 말에서 우리는 인간의 모든 비극의 근원이 여기에 있다는 사실을 발견할 수 있습니다. 이스라엘에 내린 재앙(극심한 가뭄과 기근)으로 인한 참상 또한 여기에 기인합니다. 이스라엘 백성이 바알과 아세라를 섬기느라 관심조차 두지 않았던 무너진 돌단, 이 흩어진 돌들은 바로 잊혀진 하나님을 상징합니다. 비록 아무것도 아닌 것 같은 이 돌들이 선민 이스라엘의 죽은 신앙과 잊혀진 충성과 사라진 비전을 적나라하게 보여주고 있습니다.

오늘날 우리의 신앙의 단면을 그대로 보여주고 있는 것은 무엇일까요? 오늘 나의 마음속에 일어나고 있는 모든 갈등과 우울함과 교만과 열등감의 진원지는 어디입니까? 그것 역시 '무너진 제단'에 있습니다. 이제 우리는 '무너진 하나님의 단'을 다시 수축하는 것입니다.

본문 32절에 "그가 여호와의 이름을 의지하여 그 돌로 제단을 쌓고"라고 하였습니다. 우리가 드리는 예배는 오직 하나님께 주 예수 그리스도의 이름으로 쌓는 단이어야 합니다.

2. 물로 씻은 제단입니다.

엘리야는 지금까지 우리가 잘 볼 수 없었던 행동을 하고 있습니다. 물로써 자신의 쌓은 단과 제물을 모두 씻어내린 것입니다.

물을 제물과 벌여 놓은 나무와 제단에 쏟아 부은 것은 하나님이 불로써 응답하시는 것이 결코 눈속임이 아니며, 초자연적인 하나님의 능력이 임하는 광경을 백성들에게 드러내기 위한 것입니다.

그리고 성결케 하는 의미가 있습니다. 레위기 1:8-9에는 제물의 내장과 정강이를 물에 씻어 정결케 한 후 번제로 드리는 장면이 있습니다. 이같이 엘리야는 모든 더러운 것을 다 씻어 정결케 한 후 하나님께 번제를 드리는 광경을 선민들에게 보여주고 있습니다. 하나님께 예배하는 자들은 몸과 정신과 마음을 정결케 한 후 하나님께 나아가야 합니다. 왜냐하면 우리도 하나님께 드리는 산 제물이 되었기 때문입니다. 그리스도의 피로 자신을 씻어 정결케 한 후 하나님께 단을 쌓아야 할 것입니다.

3. 불로 응답된 제단입니다.

　엘리야 선지자는 무너진 제단을 12돌로 수축하고 나무와 제물을 벌여 놓고 12통의 물을 부어 제단 주변 도랑을 가득 채운 후 간절하게 하나님께 기도하였습니다.

　"저녁 소제 드릴 때에 이르러 선지자 엘리야가 나아가서 말하되 아브라함과 이삭과 이스라엘의 하나님 여호와여 주께서 이스라엘 중에서 하나님이신 것과 내가 주의 종인 것과 내가 주의 말씀대로 이 모든 일을 행하는 것을 오늘 알게 하옵소서"(왕상 18:36).

　그는 바알 선지자들에 비해 짧은 시간 기도하였습니다. 그의 기도는 참으로 간결했습니다. 그러나 그의 기도는 하나님의 살아계심과 언약에 신실하신 하나님이심을 확신하고 드린 기도였습니다. 하나님은 단번에 그의 기도에 응답하셨습니다. 불로써 응답하셨습니다.
　본문 38절에 "이에 여호와의 불이 내려서 번제물과 나무와 돌과 흙을 태우고 또 도랑의 물을 핥은지라"고 하였습니다.
　이 같은 광경을 본 이스라엘 백성들, 지금까지 우상과 하나님 사이에서 머뭇거리던 그들이 일제히 하나님 앞에 엎드렸습니다. 그리고 외쳤습니다.
　우리는 오직 하나님의 이름을 의지하여 단을 쌓아야 합니다. 그리하여 마침내 불로써 응답하시는 살아계신 하나님을 만나서 살아있는 신앙생활, 생동감이 넘치는 신앙의 삶을 살아가시는 저와 여러분이 되기를 바랍니다.

말씀을 생각하며

1. 오늘의 말씀에서 가장 마음에 남는 말씀은 어떤 말씀입니까?
   _____
   _____
   _____
   _____

2. 왜 그 말씀이 마음에 남습니까?
   _____
   _____
   _____
   _____

3. 오늘의 말씀을 읽고, 나의 신앙생활 속에서 고쳐야 할 점은 무엇입니까?
   _____
   _____
   _____
   _____

한 주간의 기도 제목

나 _____
가정 _____
교회 _____

10월

천국 소망으로 충만한 삶

◆

로뎀나무 아래서
세미한 하나님의 음성
나봇의 포도원
하늘로 올라간 엘리야

제40과

로뎀나무 아래서

성경 : 왕상 19:1-8
찬송 : 442, 491장

"자기 자신은 광야로 들어가 하룻길쯤 가서 한 로뎀 나무 아래에 앉아서 자기가 죽기를 원하여 이르되 여호와여 넉넉하오니 지금 내 생명을 거두시옵소서 나는 내 조상들보다 낫지 못하니이다 하고 로뎀 나무 아래에 누워 자더니 천사가 그를 어루만지며 그에게 이르되 일어나서 먹으라 하는지라"(왕상 19:4-5)

오늘 읽은 본문 말씀에는 지쳐있는 엘리야의 모습 나옵니다. 당시 훌륭한 선생이며 선지자였던 엘리야의 모습을 보면서, 오늘 우리는 능력 있는 성도의 모습이 무엇인지를 다시 한 번 살펴보는 은혜의 시간이 되기를 바랍니다.

1. 우리는 형편을 볼 때 무능하게 됩니다.

"그가 이 형편을 보고 일어나 자기의 생명을 위해 도망하여 유다에 속한 브엘세바에 이르러 자기의 사환을 그 곳에 머물게 하고"(왕상 19:3).

아합왕의 왕비인 이세벨이 엘리야를 죽이겠다고 말을 하였습니다. 이 말을 전해 들은 엘리야는 실망과 좌절에 빠졌습니다. 조금 전까지만 해도 하나님의 능력으로 하늘에서 불이 내려오는 기적을 보였던 엘리야입니다. 조금 전까지만 해도 바알 숭배자들과 싸워 저들을 수백 명 죽였던 엘리야입니다. 그런데 한 여인의 말에 그만 기가 꺾이고 말았던 것입니다.

베드로와 제자들은 배를 타고 가다가 풍랑을 만났습니다. 저들은 가진 애를 써 보았지만 허사였습니다. 저들은 죽음에 대한 공포로 겁에 질렸습니다. 마침내 어둠을 뚫고 물 위로 걸어오시는 주님을 보게 되었습니다. 저들은 주님을 향하여 필사적으로 구원해 달라고 요청을 하였습니다. 저들은 처음에는 풍랑을 보았습니다. 그 풍랑이 자신을 죽게 만드는 것이라고 느꼈습니다. 그래서 두려워 떨었습니다. 그러나 주님을 바라볼 때 주님은 두려움에서 그들을 구원해 주셨습니다. 우리는 우리의 상황 뒤에 서 계시는 능력의 주님을 바라보아야 합니다.

2. 스스로 행하려고 할 때 무능하게 됩니다.

"자기 자신은 광야로 들어가 하룻길쯤 가서 한 로뎀 나무 아래에 앉아서 자기가 죽기를 원하여 이르되 여호와여 넉넉하오니 지금 내 생명을 거두시옵소서 나는 내 조상들보다 낫지 못하니이다 하고"(4절).

우리에게는 스스로 잘난 체하는 마음이 있습니다. 이것은 곧 교만입니다. 우리는 무엇을 하든지 하나님의 영광을 위하려는 믿음을 가져야 합니다. 그리고 하나님의 뜻을 따라 순종하여야 합니다. 교만은 신앙에 도움이 되지 못합니다. 믿음을 나약하게 하며, 힘을 잃게 합니다.

엘리야는 스스로 광야로 내려갔습니다. 하나님이 가라고 지시하지 않은 길을 갔습니다. 하나님이 지시하지 않은 방법을 따랐던 것입니다. 결국 그는 곧 힘을 잃고 말았습니다. 삼손은 힘이 넘쳐 났습니다. 그러나 하나님의 뜻을 저버리고 머리를 깎았을 때 힘은 사라지고 말았던 것입니다. 우리는 하나님의 뜻을 따라 살아야 합니다. 그리하면 하나님의 능력이 우리에게 임할 줄 믿습니다.

3. 잠자는 신앙이 될 때 무능하게 됩니다.

어느 날 루터가 무력감에 빠져있을 때 그의 아내가 상복을 입고 나타났습니다. 루터가 깜짝 놀라 물었습니다. "도대체 우리 식구 중에 누가 죽었는가?" 그러자 아내가 말했습니다. "하나님은 살아계셔서 모든 일을 주관하시는 분인데 당신이 낙심해 있어서 하나님이 죽은 줄 알았습니다."

예수님은 제자들에게 기도하라고 하였습니다. 그러나 제자들은 잠을 잤습니다. 예수님은 죽기를 각오하는 기도를 드렸습니다. 이마에는 땀이 피가 되어 흘렀습니다. 그러나 제자들은 잠을 잤습니다.

그러니 무슨 능력이 있겠습니까? 로마 군사들이 들이닥칠 때, 저들은 혼비백산 도망하기에 급급하였습니다. 그나마 그래도 체면을 지키려던 베드로는 육신의 칼을 들고 설쳤습니다. 주님은 그 칼을 도로 집에 넣으라고 하셨습니다.

잠자는 어리석은 다섯 처녀는 신랑을 기다리다가 기름이 떨어진 줄도 모르고 잠을 잤습니다. 마침내 신랑이 왔을 때는 일어나 보니 기름이 없었습니다. 그 원인이 무엇이겠습니까? 등불에 기름이 떨어진 줄도 모르고 잠을 잤기 때문입니다.

여러분의 신앙의 등불에 기름이 다하지 않았습니까? 여러분의 신앙의 등불에 불이 꺼져가고 있지는 아니합니까? 기도합시다. 깨어 기도하는 신앙인이 됩시다. 우리 주님의 도우심을 의지하시기 바랍니다.

"근신하라 깨어라 너희 대적 마귀가 우는 사자같이 두루 다니며 삼킬 자를 찾나니"(벧전 5:8)

말씀을 생각하며

1. 오늘의 말씀에서 가장 마음에 남는 말씀은 어떤 말씀입니까?
   _____
   _____
   _____
   _____

2. 왜 그 말씀이 마음에 남습니까?
   _____
   _____
   _____
   _____

3. 오늘의 말씀을 읽고, 나의 신앙생활 속에서 고쳐야 할 점은 무엇입니까?
   _____
   _____
   _____
   _____

한 주간의 기도 제목

나 _____
가정 _____
교회 _____

제41과

세미한 하나님의 음성

성경 : 왕상 19:9-16
찬송 : 442, 491장

"여호와께서 이르시되 너는 나가서 여호와 앞에서 산에 서라 하시더니 여호와께서 지나가시는데 여호와 앞에 크고 강한 바람이 산을 가르고 바위를 부수나 바람 가운데에 여호와께서 계시지 아니하며 바람 후에 지진이 있으나 지진 가운데에도 여호와께서 계시지 아니하며 또 지진 후에 불이 있으나 불 가운데에도 여호와께서 계시지 아니하더니 불 후에 세미한 소리가 있는지라"(왕상 19:11-12)

옛 이스라엘의 예언자 중에 불의 선지자로 불리는 엘리야가 아합왕 때에 바알 선지자들과 갈멜산에서 싸워 제단에 불로 임하는 하나님의 역사로 승리했지만, 아합왕의 아내 이세벨이 죽이려 할 때 그는 로뎀나무 아래서 죽고 싶은 심정으로 실의에 빠져 있었습니다. 그 때 천사가 주는 떡과 물을 마시고 모세가 계명을 받았던 하나님의 산이라 일컫는 호렙산에 올라가서 하나님의 음성을 듣게 되는데, 그가 들은 하나님의 음성이 세미한 소리였다고 말해주고 있습니다.

1. 자아가 죽어야 하나님의 음성이 들립니다.

엘리야가 비록 하나님의 능력으로 바알 선지자 850인을 이긴 자이기도 하나 350여 킬로미터가 떨어진 호렙산으로 걸어가는데 아마 기도하며 금식도 하고 때로는 주저앉아 괴로워하기도 했을 것입니다. 40일을 걸어가며 이세벨을 피해 불 같은 선지자 이름만 남기고 걸어가는 자신에게 얼마나 무너지고 괴로워했을까 생각합니다.

모세가 계명을 받았던 그 산에 오른 것입니다. 여기서 엘리야는 쓰러지듯 하나님 앞에 부복하였을 것을 연상할 수 있습니다. 세상이 주는 힘과 지식이 얼마나 허망하고 근본적으로 잘못되었는가를 깨달을 수 있는 기회가 먼저 있어야 하나님의 음성을 들을 수 있습니다. 교만한 현대의 지식의 풍요는 점점 하나님의 참된 진리와 승리의 음성을 계시 받지 못하게 하는 시험이 되고 있습니다.

하나님의 은총을 기대하며 교회를 나오는 사람이나 구원을 얻게 되는 일마저 사실은 강한 자아를 부정하는 순간이 없이는 하나님의 구원의 메시지를 마음속으로 들을 수가 없습니다.

2. 겸손하게 경청해야만 들을 수 있습니다.

현대인들은 너무 똑똑한 줄 아는데, 실은 참된 진리를 점점 모르게 되는 교만의 동굴로 들어가고 있습니다. 하나님을 경외치 못하는 게으른 예배와 형식적인 주일성수나 헌금 생활 등. 찬양도 경건 없이 거저 재미있게 자기 감정에 맞추거나 하는 시시한 노래, 목회자와 진지하게 교제하거나 상담하지도 않고, 심방도 싫어하는 실태들은 모두 귀를 막고 하나님 음성 안 듣겠다는 뜻입니다. 이 모든 것은 고대나 현대나 세상 끝날까지 우리 자신을 영적으로 어둡게 하는 짓입니다.

오늘날 수많은 말들로 하나님께 영광 돌리듯이 맹랑하게 떠들고 있으나 실제로 겸허하여 예수님 닮은 사람 찾기가 어려운 세대입니다. 과연 하나님의 음성이 들립니까? 북소리와 꽹과리 소리 속에, 혹은 불을 받을 수 있다는 이적을 보인다는 집회에 하나님이 임재하셨을까요?

오늘날은 경건이 없는 시대입니다. 그것은 겸손하지 않고 회개하고 낮아지지 않기 때문에 반대로 나타나는 본성입니다. 그런 중에는 하나님의 계시적 음성이 없습니다. 귀로는 들려도 눈으로는 무엇을 보아도 진정한 음성은 아닌 것입니다.

3. 세미한 소리는 영으로 듣습니다.

"내가 보매 어린 양이 일곱 인 중의 하나를 떼시는데 그 때에 내가 들으니 네 생물 중의 하나가 우렛소리 같이 말하되 오라 하기로"(계 6:1)라고 하였습니다.

하나님의 소리가 우리 마음에 들린다는 의미는, 마치 지나간 역사를 기억하듯이 세미하게 그러나 뚜렷하게 들리는 것입니다.

본문 말씀에, "여호와께서 이르시되 너는 나가서 여호와 앞에서 산에 서라 하시더니 여호와께서 지나가시는데 여호와 앞에 크고 강한 바람이 산을 가르고 바위를 부수나 바람 가운데에 여호와께서 계시지 아니하며 바람 후에 지진이 있으나 지진 가운데에도 여호와께서 계시지 아니하며 또 지진 후에 불이 있으나 불 가운데에도 여호와께서 계시지 아니하더니 불 후에 세미한 소리가 있는지라"(19:11-12)고 했습니다.

강한 바람, 지진, 불 이런 것이 여호와께서 현현(顯現)하실 때 일반적으로 수반되는 현상이기도 합니다(출 19:16-20). 가시적으로 보는 것에 결정적인 해석을 가지는 유대주의적 사고방식이나 신비주의자들은 그런 곳에 하나님의 음성이 있는 줄 압니다. 천둥소리만 듣고도 신의 음성처럼 여기는 나약한 인간의 우상적인 종교성이고 옳지 못한 두려움으로 나타나는 오해입니다.

엘리야처럼 세미한 하나님의 음성 듣기를 사모하기를 원합니다.

말씀을 생각하며

1. 오늘의 말씀에서 가장 마음에 남는 말씀은 어떤 말씀입니까?
   _____
   _____
   _____
   _____

2. 왜 그 말씀이 마음에 남습니까?
   _____
   _____
   _____
   _____

3. 오늘의 말씀을 읽고, 나의 신앙생활 속에서 고쳐야 할 점은 무엇
   입니까?
   _____
   _____
   _____
   _____

한 주간의 기도 제목

나 _____
가정 _____
교회 _____

제42과

나봇의 포도원

성경 : 왕상 21:1-29
찬송 : 345장

"왕이 그에게 이르되 내가 이스르엘 사람 나봇에게 말하여 이르기를 네 포도원을 내게 주되 돈으로 바꾸거나 만일 네가 좋아하면 내가 그 대신에 포도원을 네게 주리라 한즉 그가 대답하기를 내가 내 포도원을 네게 주지 아니하겠노라 하기 때문이로다"(왕상 21:6)

본문은 아합에게 소원이 있었다는 것에서부터 출발합니다. 그 소원이란 나봇의 포도원을 자기 것으로 취하는 것이었습니다. 나봇의 포도원이 자기의 궁에서 가까운 곳에 있었기 때문에 자기가 궁에 거하면서 나물 밭으로 삼기 위해서였습니다. 그래서 나봇에게 그 밭을 자기에게 달라고 했습니다. 정당한 대가를 주든지 아니면 더 좋은 포도원을 주겠다고 제의하면서 말입니다. 그러나 나봇이 그럴 수 없다고 하자, 나봇의 거절을 당한 아합은 근심하면서 식음을 전폐하였습니다. 우리는 이런 아합의 모습에서 그의 됨됨이를 들여다 볼 수 있습니다.

1. 하나님의 소유를 마음대로 해서는 안 됩니다.

아합이 나봇의 포도원을 요구한 것은 크게 잘못되었습니다. 본래 이스라엘 백성들이 소유한 땅은 자기 마음대로 매매할 수 있는 것이 아니었습니다. 하나님께서 특별히 주신 땅이기 때문에 자자손손 그 땅을 기업으로 누려야 했습니다. 그럼에도 불구하고 아합이 나봇의 포도원을 자기 것으로 삼으려 했다는 것은, 하나님께서 정하신 규례와 법도를 깨겠다는 것이었습니다. 하나님의 말씀을 거스리고 오만방자하게 행하려는 아합의 소위가 악합니다.

그런데 왜 아합이 하나님의 말씀을 버리고 자기 마음대로 잘 살려고 하였습니까? 세상 것에 대한 지나친 욕심 때문입니다. 하나님께서 금하신 것임에도 불구하고 나봇의 포도원을 욕심을 내었습니다.

야고보서 1:15에 "욕심이 잉태한즉 죄를 낳고 죄가 장성한즉 사망을 낳느니라"고 하셨습니다. 욕심은 죄를 낳습니다. 그리고 그 죄는 사망으로 귀결됩니다. 하나님의 법도를 깨면서 잘 살겠다는 욕심, 분수에 넘치는 욕심, 정욕을 위한 욕심, 남을 죽이면서 자신의 이기를 채우는 욕심, 이런 것들을 우리는 삼가야 합니다.

2. 하나님의 말씀대로 해야 합니다.

나봇은 아합으로부터 "네 포도원을 나에게 돌리라"라는 명을 받았습니다. 예나 지금이나 왕의 명령은 거절하기 힘든 것입니다. 그럼에도 불구하고 나봇은 아합의 요구에 불응했습니다. 그 이유는 하나님의 말씀 때문입니다. 그는 아합의 요구를 거절하지 않고 그 포도원을 아합에게 내어주었다면 아합으로부터 많은 대가와 더 좋은 포도원을 하사받을 수 있었을 것입니다. 아합이 그렇게 제의하였기 때문입니다. 그럼에도 불구하고 그는 "하나님이 금하실 것입니다"라고 한마디로 거절을 했습니다. 그가 그 포도원을 아합에게 주지 않은 이유는 하나님께서 금하시는 일이기 때문이었습니다. 당시 이스라엘 백성들에게는 땅을 자유롭게 매매할 수 있는 권한이 없었습니다. 왜냐하면 가나안 땅은 하나님께서 이스라엘 백성들에게 유업으로 주신 것입니다. 이는 공동체가 합력하여 가꾸고 유지할 땅이지 개인 소유로 함부로 취급하는 땅이 아니었습니다. 그러므로 나봇은 이런 일은 하나님께서 싫어하시는 일이기 때문에 하나님이 금하시는 일을 어떻게 할 수 있겠느냐고 답한 것입니다.

비록 왕의 요구였지만, 하나님이 금하시기 때문에 그럴 수 없다고 분명히 말할 수 있는 진정한 신앙의 용기가 있었습니다. 우리들에게도 이런 용기가 필요합니다. 우리의 결단의 기준은 나의 생각이나 다른 사람들의 생각이 아니라 하나님의 말씀이 기준이 되어야 합니다.

3. 진리를 따라 살아야 합니다.

우리는 하나님께서 허락하신 시간 속에서 인생을 살고 있습니다. 한정된 시간에 잘 살고 싶은 마음이 있습니다. 어떻게 사는 것이 잘 사는 것입니까? 진리를 따라 사는 것이 잘 사는 것입니다. 말씀 따라 사는 것이 잘 사는 것입니다. 믿음 안에서 사는 것이 잘 사는 것입니다. 믿음에서 떠나고, 말씀에서 떠나고, 진리에서 떠나서 잘 먹고 사는 것이 잘 사는 것이 아닙니다. 하나님 품을 떠나서 많이 소유하고 사는 것이 잘 사는 것이 아닙니다.

세상의 소유와 권세도 가지는 것이 좋습니다만, 그것에 눈이 팔려 불신앙으로 산다면, 아무리 많이 가져도 공허하고, 아무리 잘 먹어도 인생무상이며, 아무리 지식이 많아도 번뇌가 찾아옵니다. 그리고 세상 떠나는 날에는 그 모든 것이 소용 없는 것이 됩니다. 그러나 믿음 안에서 살고, 진리를 따라 산 사람은 이 땅에서도 존귀한 자로 살 뿐만 아니라, 주님 나라에서도 열 고을의 권세를 누리면서 사는 자가 될 것입니다. 우리는 세상 것만 바라보면서 사는 존재가 아니라, 영원을 바라보면서 사는 신앙인들이 되어야 하겠습니다.

말씀을 생각하며

1. 오늘의 말씀에서 가장 마음에 남는 말씀은 어떤 말씀입니까?

   _____
   _____
   _____
   _____

2. 왜 그 말씀이 마음에 남습니까?

   _____
   _____
   _____
   _____

3. 오늘의 말씀을 읽고, 나의 신앙생활 속에서 고쳐야 할 점은 무엇 입니까?

   _____
   _____
   _____
   _____

한 주간의 기도 제목

나 _____
가정 _____
교회 _____

제43과

하늘로 올라간 엘리야

성경 : 왕하 2:1-12
찬송 : 440, 441장

"두 사람이 길을 가며 말하더니 불수레와 불말들이 두 사람을 갈라놓고 엘리야가 회오리 바람으로 하늘로 올라가더라"(왕하 2:11)

성경에 보면 오직 두 사람만이 모든 인류가 당하는 죽음을 보지 않고 하늘로 올라갔습니다. 그들은 바로 에녹(창 5:21-24; 히 11:5-6)과 엘리야입니다. 이들은 죄로 말미암아 "한번 죽는 것은 사람에게 정해진 것이요 그 후에는 심판이 있으리니"(히 9:27)라는 말씀에서 예외가 된 사람들입니다. 죽음을 보지 않고 살아서 들림을 받았으니, 이 얼마나 놀랍고도 영광스러운 일입니까?

1. 죽음도 정복하는 하나님의 능력을 보여줍니다.

엘리야의 승천 사건은 하나님께서 죽음의 과정을 거치지 않고 하나님의 백성들을 하늘로 올려 갈 수 있는 능력 있는 분이심을 가르쳐 줍니다.

모든 인간은 죄를 범해 하나님의 영광에서 멀어졌습니다(롬 3:23). 그 죄의 대가는 죽음이요 사망입니다(롬 6:23). 결국 죄 때문에 모든 인간들은 한 번 죽게 되어 있습니다(히 9:27).

엘리야의 승천 사건은 이렇게 모든 사람이 죄 때문에 반드시 겪어야 할 죽음조차도 하나님의 능력에 의해 죽음을 경험하지 않고 영원한 삶으로 옮겨질 수 있다는 것을 가르쳐 줍니다. 하나님은 말씀으로 천지를 창조하신 분입니다. 그분은 우리에게 생명을 주셨고, 그분의 능력에는 제한이 없습니다. 따라서 하나님께서 원하시기만 하면 그 누구도 죽지 않고 들림 받아 승천할 수 있습니다.

주님은 분명히 이렇게 선언하셨습니다. "예수께서 이르시되 나는 부활이요 생명이니 나를 믿는 자는 죽어도 살겠고 무릇 살아서 나를 믿는 자는 영원히 죽지 아니하리니"(요 11:25-26).

그리스도 안에 있을 때 우리에게는 영원한 생명이 보장되어 있습니다. 그리고 그 주님이 재림하시는 순간에 우리가 살아 있다면, 우리는 죽음을 맛보지 않고 홀연히 변화 받게 될 것이고, 영광 가운데 주님을 영접하게 될 것입니다. 하나님의 능력은 죽음이 아니라 그 어떤 것으로부터도 제한받지 않으며, 우리를 영원한 생명으로 인도하실 수 있습니다. 여러분은 이 사실을 믿습니까?

2. 장차 하나님의 영광에 참여하게 될 것을 말씀하십니다.

엘리야의 승천은 바로 예수님의 승천을 예표하는 사건이었습니다. 그 사건은 온 세상의 죄와 싸워 승리하고 부활 승천하신 예수님의 승천을 미리 보여 준 사건이었습니다. 그러나 엘리야의 승천은 거기서 더 나아가 장차 구속함을 입은 모든 성도들이 누리게 될 부활과 승천에 대한 예표입니다.

바울은 그것을 고린도 교인들에게 이렇게 설명합니다. "보라 내가 너희에게 비밀을 말하노니 우리가 다 잠 잘 것이 아니요 마지막 나팔에 순식간에 홀연히 다 변화되리니 나팔 소리가 나매 죽은 자들이 썩지 아니할 것으로 다시 살아나고 우리도 변화되리라"(고전 15:51-52).

엘리야는 육체를 가진 채 하늘로 올라갔습니다. 그의 육체는 하늘나라의 삶에 적합하게 변화되어 영원한 생명을 부여받았습니다. 우리는 이런 사실을 부활하신 예수님을 통해 분명히 알 수 있습니다. 부활하신 주님은 영혼만 가진 분이 아니었습니다. 그분은 분명히 육신도 가지고 계셨습니다. 그 육체는 십자가에 달려 죽으신 육체가 아니라 변화된 육체였습니다. 그리고 주님은 그 변화된 육체로 승천하셨습니다.

우리는 이 신비한 육체가 어떤 것인지 정확하게 알 수는 없지만, 분명한 것은 장차 우리들도 주님이 재림하시는 순간 홀연히 변화되어 육체의 부활과 함께 영과 육을 모두 가진 신비한 부활체로 천국에서의 삶을 누리게 될 것이라는 사실입니다. 엘리야의 승천 사건은 바로 이것을 우리에게 가장 분명하게 가르쳐 주고 있습니다.

3. 성도와 교회의 승리를 보장하십니다.

엘리야의 승천사건은 믿음 안에서 진리를 수호하면서 사는 모든 성도들의 귀감이 됩니다. 뿐만 아니라 그의 승천은 하나님께서 종말에 고난 받는 하나님의 백성들이 받게 될 구원과 영광을 나타냅니다.

우리들은 이 땅에서 사는 동안 사탄의 공격으로 말미암아 많은 고난과 환난을 당하지만, 그 고난의 끝에는 반드시 영광스러운 구원이 우리를 기다리고 있습니다. 우리는 엘리야의 승천 사건에서 바로 이 영광스러운 구원을 바라볼 수 있습니다. 고난을 견디고 승리한 모든 성도들은 장차 이와 같은 영광에 동참하게 될 것이기 때문입니다.

바울은 고백하기를 "우리가 그와 함께 영광을 받기 위하여 고난도 함께 받아야 할 것이니라 생각하건대 현재의 고난은 장차 우리에게 나타날 영광과 비교할 수 없도다"(롬 8:17-18)라고 했습니다. 엘리야의 승천 사건은 고난 받는 성도들과 교회의 위로요 승리의 보장입니다.

말씀을 생각하며

1. 오늘의 말씀에서 가장 마음에 남는 말씀은 어떤 말씀입니까?
   _____
   _____
   _____
   _____

2. 왜 그 말씀이 마음에 남습니까?
   _____
   _____
   _____
   _____

3. 오늘의 말씀을 읽고, 나의 신앙생활 속에서 고쳐야 할 점은 무엇입니까?
   _____
   _____
   _____
   _____

한 주간의 기도 제목

나 _____
가정 _____
교회 _____

11월

감사와 찬송으로 승리하는 삶

◆

잃어버린 도끼를 찾아서

보다 더 귀한 사람

전쟁을 승리로 이끈 찬송

죽으면 죽으리라

제44과

잃어버린 도끼를 찾아서

성경 : 왕하 6:1-7
찬송 : 185, 337장

"한 사람이 나무를 벨 때에 쇠도끼가 물에 떨어진지라 이에 외쳐 이르되 아아, 내 주여 이는 빌려온 것이니이다 하니 하나님의 사람이 이르되 어디 빠졌느냐 하매 그 곳을 보이는지라 엘리사가 나뭇가지를 베어 물에 던져 쇠도끼를 떠오르게 하고 이르되 너는 그것을 집으라 하니 그 사람이 손을 내밀어 그것을 집으니라"(왕하 6:5-7)

엘리사와 선지자의 생도들이 거하는 처소가 무척 협소하여 생도 중의 하나가 새 집을 짓기 위하여 요단으로 재목을 취하러 가기를 엘리사에게 건의하였습니다. 엘리사는 그들의 요구에 대하여 허락하고 함께 요단으로 갔습니다. 그런데 한 생도가 물가에서 나무를 찍다가 그만 도끼날이 빠져서 물에 빠지게 되었습니다. 어떻게 잃어버린 도끼를 찾을 수 있었을까요?

1. 엘리사와 동행하여 문제를 해결 받았습니다.

선지자 생도들은 집을 짓기 위하여 나무를 베러 가는데 스승인 엘리사와 함께 가기를 청하였습니다. 생도들이 엘리사의 동행을 요청한 것은 같이 나무를 찍어달라는 뜻은 아니었을 것입니다. 설사 엘리사가 그 일을 한다고 해도 모두 말렸을 것입니다. 그런데 엘리사의 동행을 생도들이 요청했다는 것입니다.

엘리사는 하나님의 사람입니다. 그러니 그와 함께 간다는 것은 하나님과 함께한다는 것이었습니다. 하나님과 함께 가는 길이니 어려움이 와도 그 어려움을 극복할 수 있는 복이 함께하는 것입니다.

사람을 따라 가는 길은 완전할 수가 없습니다. 아무리 정신을 차려도 불완전한 사람을 따라 가기에 그 길은 실패의 길이요, 잘못된 길이 될 수밖에 없습니다. 오로지 완전하시고 전능하신 하나님과 동행하여야 할 것입니다.

2. 빌려온 신앙에서 벗어나야 합니다.

도끼날을 잃어버린 사람은 그 도끼가 자기 것이 아니었습니다. 이웃에게 빌려온 것이었습니다. 만일 자기 것이라면 자루에서 도끼날이 자주 빠진다는 것을 미리 알 수 있었을 것입니다. 그러니 큰 일을 하려면 이 문제를 알고 미리미리 준비하고 대비하였을 것입니다. 그런데 빌려온 것이니 도끼날이 자주 빠지는 줄 알지 못했고 때문에 물에 빠뜨릴 위험이 있는 물가에서 작업을 하다가 어려운 일을 당하게 되었습니다.

우리가 선한 일을 하면서도 어려운 일을 당하고 믿음의 도끼를 잃어버리는 가장 큰 이유는 내가 하나님을 만나고, 내가 하나님의 음성을 듣고 체험한 내 믿음과 내 신앙이 아닌 빌려온 신앙생활일 때 일어난다고 하는 것입니다. 빌려온 신앙이란 내가 체험하고 경험한 신앙이 아니라 남이 하는 것 보고 따라 하거나 타성적으로 하는 신앙생활이라는 것입니다. 야곱은 처음에 아버지 이삭에게 물려받은 신앙생활이었습니다. 그러나 야곱이 벧엘에서 하나님을 만난 후로 그는 빌려온 신앙에서 벗어나게 되었습니다.

3. 잃어버린 곳을 알아야 찾을 수 있습니다.

도끼를 잃어버린 사람은 자신이 빠뜨린 장소를 정확히 알고 있었습니다. 그래서 엘리사가 어디에 잃어 버렸는가 물을 때에 그 장소를 정확하게 가리켰습니다. 그래서 그는 잃어버렸던 도끼를 찾아 좋은 나무를 구하여 집 짓기를 완성했습니다.

우리가 어려운 일을 당할 때에 그 원인을 알 수 있다면 그 어려운 일은 어려운 일이 아닐 것입니다. 오히려 전화위복의 기회가 되어서 더 좋은 결실을 얻을 수가 있습니다. 어려운 일이 올 때마다 낙심하고 좌절하기에 앞서서 더 깊이 기도하고 더 깊이 하나님의 말씀을 읽으며 어려움의 원인을 찾아서 그것을 고치고 바꾸어 나가는 하나님의 복을 얻기를 원합니다.

내 믿음의 도끼를 어디에서 잃어버렸나 생각하고 되찾기를 바랍니다. 그리고 그 믿음의 도끼를 찾아서 죄악과 불순종과 불충성을 찍어 내어버리고, 아름다운 하나님의 복을 받아서 믿음의 집을 든든하게 지어나가는 승리하는 여러분이 되시기를 원합니다.

말씀을 생각하며

1. 오늘의 말씀에서 가장 마음에 남는 말씀은 어떤 말씀입니까?
   _____
   _____
   _____
   _____

2. 왜 그 말씀이 마음에 남습니까?
   _____
   _____
   _____
   _____

3. 오늘의 말씀을 읽고, 나의 신앙생활 속에서 고쳐야 할 점은 무엇 입니까?
   _____
   _____
   _____
   _____

한 주간의 기도 제목

나 _____
가정 _____
교회 _____

제45과

보다 더 귀한 사람

성경 : 왕하 6:8-17
찬송 : 357장

"기도하여 이르되 여호와여 원하건대 그의 눈을 열어서 보게 하옵소서 하니 여호와께서 그 청년의 눈을 여시매 그가 보니 불말과 불병거가 산에 가득하여 엘리사를 둘렀더라"(왕하 6:17)

양 100마리를 기르고 있던 사람이 어느 시간에 양을 계수해 보았더니 양 한 마리가 없었다고 합니다. 그래서 양 99마리를 들에 두고 잃어버린 양을 찾아 나섰습니다. 그렇다고 해서 99마리는 귀하지 않다는 이야기는 아닙니다. 잃어버린 한 마리도 귀하다면 잃어버리지 아니한 양 한 마리 한 마리도 다 귀한 것입니다. 오늘 본문에도 보다 더 귀한 한 사람이 있습니다.

1. 기도하는 한 사람이 보다 더 귀합니다.

아람 나라는 그 당시 이스라엘보다 강대한 나라였습니다. 그래서 군사들을 동원해서 이스라엘을 침략하기로 했습니다. 먼저 왕이 신하들을 모아 놓고 이스라엘을 어느 곳으로 쳐들어가고 어느 곳에 진을 친다는 계획을 세웠습니다. 그런데 이스라엘 경내를 넘어서 들어가기도 전에 그때마다 이스라엘 군사가 꼭 길목을 지키고 있다가 치는 바람에 아람 군대들은 죽지 않으면 포로가 되고, 포로가 되지 않으면 겨우 도망을 갔습니다. 아람 왕의 체면이 말이 아니었습니다.

이스라엘 군대가 싸움을 잘 해서 승리한 것은 아닙니다. 아람 왕이 언제 얼마의 군대를 동원하여 어느 곳으로 침략한다는 작전을 세우면 기도하는 엘리사는 영감을 통해서 그 사실을 다 알고 있었습니다. 그 사실을 왕에게 이야기를 해 주면 이스라엘 왕이 그대로 길목을 지켰다가 적군을 격파하고 승리하곤 했습니다. 이것을 보면 이스라엘이 싸움을 잘 해서 강대국 아람을 이긴 것이 아닙니다. 아람 나라의 대군이 기도하는 엘리사 한 사람을 못 당했다는 뜻입니다. 그러므로 기도하는 한 사람이 군대보다 귀하다는 이야기입니다.

믿음 생활을 하면서 10년을 믿어도 기도생활을 단 한 시간도 하지 않는 사람과 항상 하나님 앞에 때마다 일마다 기도하면서 하나님과 의논하는 사람은 전혀 다릅니다. 기도하는 한 사람이 더 중요하다는 것을 명심하시기를 바랍니다.

2. 바른 말을 하는 한 사람이 보다 더 귀합니다.

아람 군대가 가는 곳마다 이스라엘 군대가 길목을 지키고 있어 전쟁에서 항상 패하므로, 아람 왕은 신하들 중에 분명히 이스라엘과 내통하는 자가 있다고 보고 자수하라고 불호령을 내립니다. 이때 신복 중의 하나가 "우리 주 왕이여, 아니로소이다"라고 합니다. 왕이 그렇다고 하는데 "아니라"고 할 사람이 누가 있겠습니까? 이 사람은 자기가 어떤 불이익을 당해도 바른 말은 해야 하겠다 해서 이 말을 한 것입니다.

그 신복은 말하기를, 이스라엘에 가면 엘리사라고 하는 선지자가 있는데, 그 선지가가 하나님 앞에 간절히 기도하면 하나님이 영감으로 모든 사실을 알려 주는데, 심지어 왕이 침실에서 하는 이야기까지 다 알아서 자기 나라 왕에게 알려준다고 하였습니다. 그러므로 우리 가운데 내통하는 자가 있어서 그런 것은 아니라고 하였습니다. 이 신복은 바른 말을 하지 않았습니까? 좋은 말을 하지 않았습니까? 그런 까닭에 왕도 깨달음이 있었고 그 덕분에 신하들이 머리끝 하나 상하지 아니하고 화를 면했다는 것입니다. 바른 말하는 한 사람, 좋은 말하는 한 사람, 옳은 말하는 한 사람이 이렇게 귀한 것입니다.

우리는 어느 경우에서나 좋은 말, 옳은 말을 해야 합니다. 그리고 바른 말 하는 한 사람이 되시기를 간절히 바랍니다. 이런 사람이 보다 더 귀한 사람입니다.

3. 은혜 받은 한 사람이 보다 더 귀합니다.

아람 왕은 지금까지 이스라엘에 대군을 보내어 침략을 했지만 그때마다 패했습니다. 기도하는 엘리사 때문이었습니다. 아람왕은 엘리사가 어디에 있는지 알아보라고 하였습니다. 마침내 엘리사가 도단성에 있다고 하자, 도단성에 큰 군사를 보냈습니다.

아침 일찍 엘리사의 사환 게하시가 나가보았더니 아람 군사들이 새까맣게 도단성을 에워싸고 숨통을 조이듯이 조여오고 있었습니다. 게하시가 그 모습을 보고 엘리사에게 고하니, 엘리사는 태연하게 "하나님, 이 사람에게 신령한 눈을 열어 주십시오."라고 기도하는 것이었습니다. 신령한 눈이 열린 게하시의 앞에는 불말과 불수레가 엘리사를 겹겹이 둘러싸 보호하고 있었습니다.

어려운 난국에서 엘리사를 보호해 주었고 게하시를 지켜주셨던 하나님은 우리가 사방으로 우겨 쌈을 당하고 곤경에 처했다고 할지라도 지켜주십니다. 은혜받는 한 사람이 중요합니다. 게하시가 그런 위기 상황에서 돈 주고 살 수 없는 하나님의 평안과 은혜를 체험한 것처럼, 우리들도 은혜를 받고 체험하기를 간절히 바랍니다.

말씀을 생각하며

1. 오늘의 말씀에서 가장 마음에 남는 말씀은 어떤 말씀입니까?

2. 왜 그 말씀이 마음에 남습니까?

3. 오늘의 말씀을 읽고, 나의 신앙생활 속에서 고쳐야 할 점은 무엇입니까?

한 주간의 기도 제목

나 _____
가정 _____
교회 _____

제46과

전쟁을 승리로 이끈 찬송

성경 : 대하 20:20-30
찬송 : 9, 19, 348장

"이에 백성들이 아침에 일찍이 일어나서 드고아 들로 나가니라 나갈 때에 여호사밧이 서서 이르되 유다와 예루살렘 주민들아 내 말을 들을지어다 너희는 너희 하나님 여호와를 신뢰하라 그리하면 견고히 서리라 그의 선지자들을 신뢰하라 그리하면 형통하리라 하고"(대하 20:20)

그리스도인의 생활 속에 찬송과 기도가 없다면 그것은 영적 호흡이 끊어진 것입니다. 그러나 찬송생활과 기도생활을 계속하면 신앙에 승리하며 영적인 부요를 누리게 됩니다.

유다의 존망의 위기를 앞에 놓고 여호사밧과 그의 백성들이 기도와 찬송을 통하여 국난을 물리쳤을 뿐만 아니라 큰 승리를 거두었습니다. 오늘은 본문 말씀을 통해서 찬송의 승리에 대해 함께 은혜를 나누기를 원합니다.

1. 찬양하는 사람들의 출전

어려움을 당하여 합심하여 기도하는 여호사밧 왕과 유다 백성들에게 야하시엘을 통해서 응답하신 것은 적군을 향해 마주 나아가라는 것입니다. 그 전쟁에서는 싸울 것 없이 항오를 이루고 서서 여호와가 구원하는 것을 보라고 했습니다. 그래서 그들이 출정하는데 칼이나 방패나 창으로 무장하지 않았습니다. 찬양하는 사람들이 큰 소리로 찬양을 했습니다. 칼이나 창이나 방패로 무장하지 말고 하나님으로 무장하라는 말씀이며, 무기로 싸우지 말고 하나님을 신뢰하는 믿음으로 싸우라는 것입니다.

하나님을 신뢰한다는 것은 하나님께 모든 것을 전폭적으로 맡기는 것을 의미합니다. 내가 하나님께 한 가지를 맡기면 한 가지를 맡아 주시지만 모든 것을 맡기면 모든 것을 맡아 주십니다. 전폭적으로 신뢰하면 전폭적으로 견고해집니다만, 부분적으로 신뢰하면 부분적인 견고함이 있을 뿐입니다.

여호사밧과 유다 민족의 무기는 하나님을 절대 신뢰하는 믿음이었습니다. 기도였습니다. 찬송이었습니다. 교회와 성도의 무기도 믿음, 기도, 찬송이어야 합니다.

2. 노래와 찬송이 시작될 때

노래와 찬송이 시작될 때 하나님께서 복병을 두어 그들을 이겼고, 나중에는 적군끼리 죽이고 죽는 대 살육전이 벌어졌습니다. 전쟁터에서 유다 백성들이 큰 소리로 부른 찬양은 믿음의 찬양이었습니다. 감사의 찬양이었습니다. 거룩한 옷을 입고 여호와께 감사하세 하며 찬양했습니다. 그들은 감사를 드릴 수 있는 형편이 아닌 전쟁터에서 감사의 찬양을 했습니다. 승리의 찬송이었습니다. 열심히 찬송할 때 적군이 패하였습니다. 하나님은 찬송가운데 거하십니다.

찬송할 때 하나님의 능력이 나타납니다. 이사야 6장에 보면 거룩, 거룩, 거룩을 찬양할 때, 문지방 터가 요동하며 영광이 충만했다고 했습니다. 유다인이 찬송을 부르면서 적진으로 내려갈때 그들 눈에는 이미 시체가 된 연합군의 참담한 모습만이 보일 뿐이었습니다. 그러니까 그들은 유다 백성을 치러 온 것이 아니라 죽으러 온 것이었습니다. 겸손히 하나님의 도우심을 구하고, 어려워도 찬송하면서 최선을 다하면 하나님께서 승리하게 해 주십니다.

승리하는 교회에는 찬송이 살아 있습니다. 힘이 있습니다. 찬송하는 성도는 인생길이 멀고 어두워도 생각지 못한 기적과 하나님의 은총을 체험하게 될 것입니다.

3. 다시 모여 하나님을 찬양

유다 민족이 모여 승리를 찬송했던 브라가 골짜기는 지금의 "와디베 라이쿠트"라는 골짜기입니다. 그곳은 헤브론에서 예루살렘으로 가는 도중에 있습니다. 브라가의 뜻은 축복의 골짜기 혹은 찬송의 골짜기라는 뜻입니다. 우리들이 예배하는 곳이 브라가 골짜기가 되며, 찬송의 골짜기가 되기를 원합니다.

만일 그들이 기도하지 않고 자기들의 무기로 적군을 맞아 싸웠더라면 브라가 골짜기는 시체의 골짜기, 참패의 골짜기, 굴욕의 골짜기가 되고 말았을 것입니다. 그러나 그들이 그곳 브라가 골짜기에서 개선의 찬송을 부르게 된 것은 하나님이 그들을 위해 싸워 주셨기 때문이었습니다.

사람들은 마음속으로 미래에 대해 불안해하고 있습니다. 건강문제, 자녀문제, 직장문제, 미확실성에 대한 걱정입니다. 그러나 이 모든 것을 아시는 하나님을 확신하고 감사하며 찬송할때 물러갈 것입니다.

찬송이 많은 그리스도인은 그 마음에 평화가 넘칩니다. 그 입에서 찬송이 떠나지 않는 사람은 그 마음속에 승리감이 넘치고 있습니다. 우리는 여호사밧과 그의 백성이 찬송으로 승리한 싸움에서 배울 것이 있습니다. 그것은 찬송은 최대의 무기라는 사실입니다. 찬송은 절망도 걱정도 불안도 격동도 울분도 마귀도 물리치는 최상의 무기인 것입니다. 찬송하는 생활을 회복하고 승리하는 삶의 주인공이 됩시다.

말씀을 생각하며

1. 오늘의 말씀에서 가장 마음에 남는 말씀은 어떤 말씀입니까?
   _____
   _____
   _____
   _____

2. 왜 그 말씀이 마음에 남습니까?
   _____
   _____
   _____
   _____

3. 오늘의 말씀을 읽고, 나의 신앙생활 속에서 고쳐야 할 점은 무엇입니까?
   _____
   _____
   _____
   _____

한 주간의 기도 제목

나 _____
가정 _____
교회 _____

제47과

죽으면 죽으리라

성경 : 에 4:13-17
찬송 : 214, 323장

"에스더가 모르드개에게 회답하여 이르되 당신은 가서 수산에 있는 유다인을 다 모으고 나를 위하여 금식하되 밤낮 삼 일을 먹지도 말고 마시지도 마소서 나도 나의 시녀와 더불어 이렇게 금식한 후에 규례를 어기고 왕에게 나아가리니 죽으면 죽으리이다 하니라 모르드개가 가서 에스더가 명령한 대로 다 행하니라"(에 4:15-17)

사람이 죽기를 결심하는 이유도 여러 가지입니다. 고단한 인생으로부터 도피하기 위해 자살을 결심합니다. 또 하나는 대의를 위해 죽기로 결심하는 경우입니다.

오늘의 말씀은, 바사 제국에 포로로 잡혀있던 이스라엘 백성들에게 중대한 문제가 생겼습니다. 하만이라는 바사의 총리가 유대인들을 말살하려는 흉계를 꾸몄고, 왕이 이를 허락했기 때문입니다. 이때 에스더가 '죽으면 죽으리라'는 일사각오로 나라를 위해 헌신한 에스더 이야기입니다. 그러면 어떻게 에스더가 죽으면 죽으리라고 일사각오로 나설 수 있었습니까?

1. 이기심을 버릴 수 있었기 때문입니다.

에스더는 포로로 끌려온 유대인이면서도 왕후가 되었습니다. 에스더는 왕후가 될 때 자기가 유대인이라는 것을 숨겼습니다. 만일 이것이 알려졌다면 왕후가 되기 힘이 들었을 것입니다. 그리고 지금 왕후가 된 후에도 자기가 유대인이라는 사실을 아는 사람이 없습니다. 왕도 모르고 대신들도 모르고 왕궁 사람들도 몰랐습니다.

유대인이라는 것이 출세 길에 장애가 되었습니다. 그래서 유대인임을 숨겨왔던 것입니다. 자기 민족도 자기 출세에 걸림돌이 될 뿐 아니라 자기 목숨마저도 위태롭게 만들고 있는 것입니다. 그러나 나라를 생각하고 민족을 위해서 그동안 자기가 쌓아 놓은 그 모든 것을 물거품처럼 버리고, 대의를 위해서 희생하는 에스더의 마음은 왕의 마음을 움직이고, 자신과 민족을 구하게 되었습니다.

우리도 개인주의와 이기심을 버리고, 공동체를 생각하고, 나라를 생각하는 마음을 가지고 더불어 살아갈 수 있는 성도들이 되어야 합니다.

2. 자기의 사명을 깨달았기 때문입니다.

지금까지 에스더는 왜 내가 왕후가 되었는가를 생각지 않고 살았습니다. 자기의 복으로 알고 부귀와 영화를 누리며 살았습니다. 그런데 사촌 오빠의 이 말이 커다란 충격으로 다가왔습니다. '그래 유대인이면서, 포로이면서 내가 어찌 왕후가 될 수 있었단 말인가? 내가 왕후가 된 것은 그저 나만 부귀영화를 누리기 위함이 아니질 않는가? 하나님께서 나를 왕후가 되게 하신 숨겨진 뜻이 있는 것이 아닌가?'라는 깨달음이 있었습니다. 에스더가 하나님의 섭리를 비로소 깨달은 것입니다.

우리가 하나님 앞에 '왜'를 물어야 할 이유가 여기 있습니다. 하나님 왜 나를 이 시대에 태어나게 하셨습니까? 왜 나를 이곳에 있게 하셨습니까? 왜 나를 이 공부를 하게 하셨고, 왜 나를 이 기술을 갖게 하셨고, 왜 나를 이 자리에 앉히셨습니까? 이 이유를 깨달아야 사명을 발견할 수 있습니다. 내가 할 일을 찾을 수가 있습니다.

오늘 우리도 귀담아 들어야 합니다. '네가 왕후의 위를 얻은 것이 이때를 위함이 아닌지 누가 아느냐?' '네가 지금 그 자리에 있는 것이 무엇 때문인지를 아느냐?'

3. 기도의 힘 때문입니다.

에스더는 사람을 보내 모르드개에게 전했습니다. 16절을 보면 "수산에 있는 유다인을 다 모으고 나를 위하여 금식하되 밤낮 삼 일을 먹지도 말고 마시지도 마소서 나도 나의 시녀와 더불어 이렇게 금식한 후에 규례를 어기고 왕에게 나아가리니 죽으면 죽으리이다" 기도를 부탁한 것입니다. 그리고 자신도 기도 후에 왕 앞에 나가겠다고 다짐한 것입니다.

영국의 경건주의 신학자 제레미 테일러는 〈거룩한 생활의 법칙과 경험〉이라는 책에서 "기도는 하나님과 천사들이 복을 내려주실 때까지 붙들어 둘 수 있는 힘을 지니고 있다. 그리고 우리의 상식을 초월한 모든 낯선 기적들과 구름 저편 또는 빛나는 별들 저편의 아직 계시되지 않은 주님의 뜻을 기도하는 이의 영감 속으로 불러들일 수도 있다"라는 말을 했습니다.

기도는 기도하는 이에게 힘과 용기를 주어 만물을 변화시킬 수 있는 자신감과 믿음을 주며 그로 인해 불가능한 것처럼 보이던 일까지 가능케 하는 힘을 지닌 것입니다. 기도는 우리에게 알 수 없는 능력을 줍니다. 죽음을 두려워하지 않을 용기를 줍니다. 죽으면 죽으리라고 일어설 수 있게 해 줍니다. 기도는 세상에서 가장 위대하고 놀라운 힘입니다. 거대한 태풍의 힘보다, 원자 폭탄의 힘보다 더 크고 놀라운 힘입니다. 기도는 전능하신 분의 전능을 움켜잡는 것이고, 우리 손으로 하나님의 팔을 잡는 것입니다. 우리에게 불가능한 일이 생겼을 때 주님께서 우리를 통해서 그 일을 이루시도록 하는 것이 기도입니다.

말씀을 생각하며

1. 오늘의 말씀에서 가장 마음에 남는 말씀은 어떤 말씀입니까?
   _____
   _____
   _____
   _____

2. 왜 그 말씀이 마음에 남습니까?
   _____
   _____
   _____
   _____

3. 오늘의 말씀을 읽고, 나의 신앙생활 속에서 고쳐야 할 점은 무엇입니까?
   _____
   _____
   _____
   _____

한 주간의 기도 제목

나 _____
가정 _____
교회 _____

12월

주님을 고대하며 마무리하자

◆

예레미야가 본 환상
들리게 해야 할 소리
이 뼈들이 능히 살겠느냐?
내 종 싹을 나게 하리라
메네 메네 데겔 우바르신

제48과

예레미야가 본 환상

성경 : 렘 1:11-16
찬송 : 217, 340장

"여호와의 말씀이 여호와의 말씀이 또 내게 임하니라 이르시되 예레미야야 네가 무엇을 보느냐 하시매 내가 대답하되 내가 살구나무 가지를 보나이다 여호와께서 내게 이르시되 네가 잘 보았도다 이는 내가 내 말을 지켜 그대로 이루려 함이라 하시니라 여호와의 말씀이 다시 내게 임하니라 이르시되 네가 무엇을 보느냐 대답하되 끓는 가마를 보나이다 그 윗면이 북에서부터 기울어졌나이다 하니 여호와께서 내게 이르시되 재앙이 북방에서 일어나 이 땅의 모든 주민들에게 부어지리라 내가 북방 왕국들의 모든 족속들을 부를 것인즉 그들이 와서 예루살렘 성문 어귀에 각기 자리를 정하고 그 사방 모든 성벽과 유다 모든 성읍들을 치리라 여호와의 말이니라"(렘 1:11-15)

예레미야는 지금부터 약 2660년 전에 유대 나라 예루살렘에 살던 사람으로 요시야 왕 13년에 선지자로 취임하여 예루살렘이 멸망하는 순간까지 무려 50여 년간을 선지자로 활동했던 사람입니다. 당시 유대 나라는 주변의 강대국인 바벨론과 애굽으로부터 침략을 계속 받고 있어서 정치, 경제, 사회 전반에 걸쳐 몹시 혼란했으며 결국은 바벨론에 의해 멸망당했습니다. 국가가 혼란한 시기에 부름 받은 예레미야는 어느 날 하나님으로부터 2가지 환상을 보게 되었습니다.

1. 살구나무 환상

살구나무의 히브리 말의 뜻은 '깨어 있다, 지키다'라는 뜻입니다. 살구나무는 다른 나무들이 모두 동면에서 깨어나지도 않은 이른 봄에 꽃을 피우는 나무입니다. 당시에 유대의 주변 국가들이 유대 나라를 침략하려고 호시탐탐 기회를 엿보고 있고, 국내적으로는 부정부패가 만연해서 겉으로 보기에는 하나님이 계시지 않은 것처럼 보이겠지만 실상은 유대 나라의 어려움을 다 지켜보고 계신다는 뜻입니다. 세상은 정신적으로 죽어져 가고, 백성들도 사악과 부정의 긴 겨울 속에 뒤덮여 있어도 하나님의 말씀은 썩지 않고 없어지지 않아서 언제든지 그것들을 돌파하고 하나님의 말씀으로 꽃 피우게 될 것이라는 뜻입니다. 실로 오늘날 우리나라의 모습도 비슷합니다. 외형적으로는 발전했으나 내부적으로는 온갖 곳이 썩어져 가고 있는 상황입니다. 그러나 세상이 이처럼 썩어져 가고 부정과 부패가 판을 치고 있지만 하나님의 말씀은 반드시 때가 되면 약속대로 꽃피게 될 것이라는 말씀입니다.

2. 끓는 가마 환상

"끓는 가마"는 재앙을 말합니다. 이 가마가 북에서부터 기울어졌다고 합니다. 이 환상은 북쪽에 있는 바벨론이 유대 나라를 공격할 준비를 하고 있다는 뜻입니다. "끓는 가마"는 '가마 속에서 끓는 물'과 '물이 끓도록 달구는 불'로 구분할 수가 있습니다. 이 무서운 예언은 BC 606년에 바벨론 왕 느브갓네살이 유대를 침략하고 많은 사람들을 포로로 잡아가면서 이루어졌습니다.

우리나라는 불행하게도 남북으로 분단된 후 60여 년의 긴 세월이 흘렀으나 아직도 남북의 화해의 기미가 보이지 않고 있습니다. 우리는 남북이 같은 민족이면서도 전쟁의 불안감 속에서 나날을 보내고 있습니다. 이북에서는 지금 핵 카드를 이용하여 다방면으로 체제 유지를 도모하고 있습니다. 언제일지는 모르나 그들이 결정적인 위기에 처해 있다고 느낄 경우에는 그들이 가지고 있는 핵무기를 어떻게 사용할지 모르는 긴박한 상태에 놓여 있습니다. 지금 우리나라는 본문에 나오는 것처럼 '끓는 가마'가 항상 상존

하고 있음을 알아야 합니다.

3. 환상을 보여준 이유

하나님을 버리고 우상을 섬기는 백성을 심판하려고 하나님께서 북쪽에 '끓는 가마'를 준비해 두신 것입니다. 우상 숭배는 단순한 문제가 아닙니다. 하나님은 우상을 숭배하는 것을 제일 싫어하십니다. 그래서 십계명의 1, 2계명에서 "다른 신을 네게 두지 말고 우상을 만들지 말라"고 했습니다. 그 당시 유대인들은 바알신을 섬겼습니다. 바알 신은 태양신인데 사람 모양으로 만들어서 신으로 섬겼습니다. 그뿐 아닙니다. 그들은 사회적인 죄와 일반적인 죄를 더하고 있었습니다. 그래서 예레미야는 "이 백성이 내 말 듣기를 거절하고 그 마음의 완악한 대로 행하며 다른 신들을 따라 그를 섬기며 그에게 절하니 그들이 이 띠가 쓸 수 없음 같이 되리라"(렘 13:10)고 지적했습니다.

그러기 때문에 강퍅하고 타락한 유대 백성들을 회개시키는데 쓰려고 심판의 도구를 북쪽에 준비해 두었다고 보여준 것입니다. 즉 이스라엘 백성을 치기 위한 채찍으로 북쪽 바벨론을 준비한 것입니다. 예나 오늘이나 하나님은 우상을 섬기는 것을 제일 싫어하십니다. 우상을 섬기면 반드시 벌을 내리셨습니다.

오늘날의 큰 우상은 바로 황금만능주의 입니다. 요즘 사람들은 하나님 보다 돈의 위력을 더 믿는 것 같습니다. 돈이면 무엇이든지 할 수 있다는 생각이 인간의 마음과 나라를 멍들게 하고 있습니다. 우리 성도들은 황금만능주의에 물들지 않도록 정신을 차리고 깨어 기도해야 할 것입니다.

말씀을 생각하며

1. 오늘의 말씀에서 가장 마음에 남는 말씀은 어떤 말씀입니까?
   _____
   _____
   _____
   _____

2. 왜 그 말씀이 마음에 남습니까?
   _____
   _____
   _____
   _____

3. 오늘의 말씀을 읽고, 나의 신앙생활 속에서 고쳐야 할 점은 무엇입니까?
   _____
   _____
   _____
   _____

한 주간의 기도 제목

나 _____
가정 _____
교회 _____

제49과

들리게 해야 할 소리

성경 : 렘 33:10-11
찬송 : 488장

"여호와께서 이와 같이 말씀하시니라 너희가 가리켜 말하기를 황폐하여 사람도 없고 짐승도 없다 하던 여기 곧 황폐하여 사람도 없고 주민도 없고 짐승도 없던 유다 성읍들과 예루살렘 거리에서 즐거워하는 소리, 기뻐하는 소리, 신랑의 소리, 신부의 소리와 및 만군의 여호와께 감사하라, 여호와는 선하시니 그 인자하심이 영원하다 하는 소리와 여호와의 성전에 감사제를 드리는 자들의 소리가 다시 들리리니 이는 내가 이 땅의 포로를 돌려보내어 지난 날처럼 되게 할 것임이라 여호와의 말씀이니라"(렘 33:10-11)

오늘의 말씀은 이스라엘이 하나님의 말씀을 듣지 않고 죄를 범하여 남의 나라에 종살이를 하던 시대의 이야기입니다. 하나님의 말씀을 듣지 않은 이스라엘에게 재앙이 임했습니다. 젖과 꿀이 흐르는 가나안은 사람도 짐승도 살지 않는 황무지가 되었습니다. 바벨론이 이스라엘을 함락시키고 사람들을 포로로 모두 끌고 가버렸기 때문입니다. 하나님과의 관계 단절이 낳은 결과입니다. 그런데 하나님께서 예루살렘 가러에 다시 소리가 들리게 하겠다고 하십니다.

1. 주님의 소리가 들려야 합니다.

이 시대의 불행은 참으로 사람들의 소리가 큽니다. 그러나 그 어디에도 하나님의 음성이 없다는 것입니다. 이스라엘이 바벨론에 멸망한 것도 하나님의 음성을 듣지 않았기 때문입니다. "너희가 이 말을 듣지 아니하면 내가 나를 두고 맹세하노니 이 집이 황폐하리라 여호와의 말씀이니라"(렘 22:5). 사람의 소리가 커지면 상대적으로 하나님의 말씀은 들리지 않게 되어 있습니다. 그러므로 우리는 이 세대에 하나님의 소리가 들려지도록 해야 합니다. "주 여호와의 말씀이니라 보라 날이 이를지라 내가 기근을 땅에 보내리니 양식이 없어 주림이 아니며 물이 없어 갈함이 아니요 여호와의 말씀을 듣지 못한 기갈이라"(암 8:11)고 했습니다. 듣지 못하는 게 문제입니다. 듣지 못하는 이유는 그 원인이 순전히 사람들 편에 있습니다.

성도는 복음 전하는 자로 부름 받은 사람들입니다. 먼저 주님의 말씀을 잘 들을 수 있어야 합니다. 그리고 복음의 나팔수 역할을 잘 감당하여 주님의 소리가 사면에 들려지게 해야 합니다.

2. 감사의 소리가 들려야 합니다.

"만군의 여호와께 감사하라, 여호와는 선하시니 그 인자하심이 영원하다 하는 소리와 여호와의 집에 감사제를 드리는 자들의 소리가 다시 들리리니"라고 합니다. 예전엔 적막강산과도 같았던 예루살렘에서 하나님을 경배하고 찬양하며 감사의 단을 쌓는 소리가 다시 들린다는 말씀입니다. 잃어버렸던 감사의 회복, 바로 이것이 예배의 시작입니다.

시편 50:23에, "감사로 제사를 드리는 자가 나를 영화롭게 하나니 그의 행위를 옳게 하는 자에게 내가 하나님의 구원을 보이리라"고 했습니다. 감사가 없으면 예배가 없습니다. 혹 감사하는 마음이 없이 예배를 드렸다 해도 그것은 의식일 뿐입니다. 꼭 예배에는 감사가 있어야 합니다.

시편 50:13-15에, "내가 수소의 고기를 먹으며 염소의 피를 마시겠느냐 감사로 하나님께 제사를 드리며 지존하신 이에게 네 서원을 갚으며 환난 날에 나를 부르라 내가 너를 건지리니 네가 나를 영화롭게 하리로다"라고 했습니다.

예배란 바로 주님을 영화롭게 하는 행위입니다. 그러기에 그 안에 있는 찬양이나 경배, 감사와 헌신이 모두 드리는 것이지 받는 것이 아닙니다. 바로 이런 감사와 찬양의 예배 소리가 들리게 해야 합니다.

3. 기쁨의 소리가 들려야 합니다.

그리고 "유다 성읍들과 예루살렘 거리에서 즐거워하는 소리, 기뻐하는 소리, 신랑의 소리, 신부의 소리와 … 다시 들리리니"라고 했습니다. 황폐하여 사람도 없고 짐승도 없던 거리가 활력을 되찾게 된다는 말씀입니다.

"신랑의 소리와 신부의 소리"는 곧 잔치의 즐거움을 표현하는 것입니다. 성경에서 혼인잔치는 특별한 의미를 가지고 있습니다. 예수님의 첫 기적은 가나의 혼인잔치 자리에서 있었습니다. 또 천국을 혼인잔치에 비유하기도 합니다. 고통과 환난의 시대에는 결혼잔치를 열 수 없습니다. 죄에서 놓임 받았을 때 비로소 진정한 축제가 있습니다. 그럴 때 떠들썩한 기쁨과 즐거움의 소리가 들리게 되어 있습니다. 우리가 신앙위에 바로 서면 하나님의 소리, 즐거운 소리, 기쁨의 소리, 잔치 소리가 들리게 할 수 있습니다.

즐거운 소리, 기뻐하는 소리, 신랑신부의 소리, 감사하는 소리…. 바로 이 소리가 오늘날 우리 그리스도인들이 사회를 향하여 들리게 해야 할 소리입니다. 주님의 소리가 들리게 하여 세상이 우리 성도들을 보고 즐거워하며 기뻐하는 잔치에 동참하도록 해야겠습니다.

말씀을 생각하며

1. 오늘의 말씀에서 가장 마음에 남는 말씀은 어떤 말씀입니까?
   _____
   _____
   _____
   _____

2. 왜 그 말씀이 마음에 남습니까?
   _____
   _____
   _____
   _____

3. 오늘의 말씀을 읽고, 나의 신앙생활 속에서 고쳐야 할 점은 무엇입니까?
   _____
   _____
   _____
   _____

한 주간의 기도 제목

나 _____
가정 _____
교회 _____

제50과

이 뼈들이 능히 살겠느냐?

성경 : 겔 37:1-14
찬송 : 182, 436장

"또 내게 이르시되 너는 이 모든 뼈에게 대언하여 이르기를 너희 마른 뼈들아 여호와의 말씀을 들을지어다 주 여호와께서 이 뼈들에게 이같이 말씀하시기를 내가 생기를 너희에게 들어가게 하리니 너희가 살아나리라 너희 위에 힘줄을 두고 살을 입히고 가죽으로 덮고 너희 속에 생기를 넣으리니 너희가 살아나리라 또 내가 여호와인 줄 너희가 알리라 하셨다 하라"(겔 37:4-6)

하나님은 부시의 아들 선지자 겸 제사장 에스겔에게 특별한 이상을 보여주셨습니다. 그것은 이스라엘의 회복을 미리 보여주신 것이었습니다. 그런데 하나님은 그 이상을 골짜기에 널려져 있는 마른 해골 떼를 보여주시면서 "인자야, 이 뼈들이 능히 살겠느냐?"고 물으시는 하나님의 말씀은 무엇입니까?

1. 현실을 바로 보게 하시는 말씀입니다.

선지자 에스겔은 하나님의 권능에 사로잡혀 이 골짜기를 이상 중에 보게 되었습니다. 그 광경은 참으로 절망적이었습니다. 흩어진 뼈들은 아주 하얗게 햇볕에 표백된 뼈로서 그것은 죽음을 연상하기에 충분합니다. 하나님은 에스겔 선지자에게 이 광경을 보여주시면서 이 뼈들은 다름 아닌 선민 이스라엘 백성들이라고 하였습니다. 그리고 그 뼈들은 말라 있었는데, 그것은 소망이 없음을 보여주시는 것입니다.

하나님과 멀어진 인생, 하나님과 관계가 끊어진 인생은 살았으나 실상은 죽은 자입니다. 생명의 근원이신 하나님을 떠난 인생은 잠시 푸름을 유지하는 듯하나 곧 말라 버리는 것은 피할 수 없습니다. 오늘 에스겔이 보고 있는 이 골짜기는 그야말로 '사망의 음침한 골짜기' 그것이었습니다.

오늘 우리의 모습은 어떻습니까? 우리의 모습이 에스겔이 본 '마른 뼈'와 방불하지 않겠습니까? 저와 여러분의 삶에 진정한 기쁨이 있습니까? 분명한 소망이 있습니까? 예수 그리스도만으로 행복합니까? 만일 그렇지 못하다면, 우리는 자신의 모습을 심각하게 바라보아야 합니다. 오늘 이스라엘 백성들이 절망한 것은 그들의 잘못된 특권의식과, 외형적인 신앙생활을 만족한 데서 그 연유를 찾을 수 있습니다. 사도 바울은 "누구든지 그리스도의 영이 없으면 그리스도의 사람이 아니라"고 하였습니다.

2. 인생의 무능을 절감케 하시는 말씀입니다.

하나님은 에스겔에게 골짜기에 흩어진 수많은 뼈들, 심히 말라버린 뼈들을 사방에서 보여 주신 후, "인자야, 이 뼈들이 능히 살겠느냐?"라고 물으십니다.

이미 죽어서 살도 다 썩고 독수리들의 먹이가 되고, 뼈만 남은 것. 그것도 심히 말라 백골이 된 이들이 어찌 스스로 자리를 털고 일어날 수 있습니까? 불가능한 일입니다. 에스겔은 제사장이요 하나님의 선지자였으나 그의 능력으로 이 말라버린 뼈들을 살릴 수 없습니다. 지식이나 경험이나 힘으로 어찌 할 수 없었습니다.

야이로의 12살 난 소녀의 죽음 앞에서 사람들이 할 수 있는 것은 아무것도 없었습니다. 나인성의 청년의 죽음 앞에서 그를 아는 많은 사람들은 안타까워하는 것 외에는 할 수 있는 것이 없었습니다. 여기서 우리는 우리의 무능함을 깨달아야 합니다. 우리는 하나님의 도우심이 없다면 하루도 살 수 없음을 깨달아야 합니다. 능히 하실 수 있는 하나님을 바라보며, 그 도우심을 바라며 살아가는 백성이 되어야 하겠습니다.

3. 소망을 갖게 하시는 말씀입니다.

"인자야. 이 뼈들이 능히 살겠느냐?"라고 물으시는 하나님의 말씀은, 예수님께서 베데스다 연못가에 가셔서 38년 된 병자를 보시고 그에게 다가가셔서 "네가 낫고자 하느냐?"라고 물으심과 같습니다. 이 말씀은 절망 가운데 있는 병자에게 소망의 빛을 던져주시고자 함입니다. 또 예수님은 여리고에서 날 때부터 소경 된 자에게 "네가 무엇을 원하느냐?"고 물으셨습니다. 날 때부터 소경 된 자가 무엇을 원하겠습니까? 그의 소망은 너무나도 단순한 것입니다. 너무나도 분명한 것입니다. 그것은 눈을 뜨는 것입니다. 그러나 이 당연한 질문을 주께서 그에게 던지시는 것은 주님 당신만이 그의 눈을 뜨게 하실 수 있는 전능자이심을 알리시는 것이었습니다.

하나님이 에스겔에게 보여주신 이 놀라운 이상은 당시 절망에 빠져 소망 없이 사망의 골짜기를 헤매는 선민 이스라엘을 회복시키시려는 의도를 가지고 보여주신 것입니다. 그들을 회복시키신 것은 하나님의 능력과 하나님의 말씀과 하나님의 영입니다.

하나님은 이 소망을 에스겔에게 보여주심으로 비참한 현실을 직시하게 하는 동시에 하나님께 대한 소망과 부활의 소망을 주셨습니다. 이 같은 이상은 오늘을 사는 저와 여러분에게 구원의 소망과 부활의 소망을 주기에 충분한 것입니다.

말씀을 생각하며

1. 오늘의 말씀에서 가장 마음에 남는 말씀은 어떤 말씀입니까?
   _____
   _____
   _____
   _____

2. 왜 그 말씀이 마음에 남습니까?
   _____
   _____
   _____
   _____

3. 오늘의 말씀을 읽고, 나의 신앙생활 속에서 고쳐야 할 점은 무엇 입니까?
   _____
   _____
   _____
   _____

한 주간의 기도 제목

나 _____
가정 _____
교회 _____

제51과

내 종 싹을 나게 하리라

성경 : 슥 3:6-10
찬송 : 250, 258장

"대제사장 여호수아야 너와 네 앞에 앉은 네 동료들은 내 말을 들을 것이니라 이들은 예표의 사람들이라 내가 내 종 싹을 나게 하리라 만군의 여호와가 말하노라 그 날에 너희가 각각 포도나무와 무화과나무 아래로 서로 초대하리라 하셨느니라"(슥 3:8,10)

오늘 본문의 말씀은 스가랴 선지자가 본 넷째 환상으로서 여호와 하나님이 대제사장 여호수아에게 주신 오실 메시아에 대한 말씀입니다. 메시아의 오심에 대한 예언은 예언 중의 예언으로 이미 에덴에서부터 '여인의 후손'으로 언약되어져 있습니다(창 3:15). 이 '여인의 후손'에 대한 언약이 좀 더 구체적으로 여러 선지자들에게 여러 형태로 예언의 말씀을 주셨습니다. 메시아 예언의 상징으로 새싹이 비유되었습니다. 선지자 이사야에게서는 '여호와의 싹'으로, 예레미야에게서는 '한 의로운 가지'로, 오늘 본문에서는 "내 종 싹"으로 나타나 있습니다.

1. 내 종 싹이라고 했습니다.

싹은 씨앗이나 가지나 뿌리에서 돋아나는 잎이나 줄기를 말합니다. 그러므로 새싹은 새 생명의 창조가 아니라 이미 존재한 생명의 생명운동으로 나타나는 것입니다. 다시 말해서, 메시아는 새 생명으로 창조된 자가 아니라는 것입니다. 이는 메시아이신 예수 그리스도를 피조물로 보는 주장이 잘못되었음을 증거하는 말씀입니다.

싹은 스스로 나는 것이 아니라 여호와 하나님이 작정하신 때에, 예언하신 말씀대로 나게 하신다는 것입니다. 그래서 예수님은 "하나님이 너희 아버지였으면 너희가 나를 사랑하였으리니 이는 내가 하나님께로부터 나와서 왔음이라 나는 스스로 온 것이 아니요 아버지께서 나를 보내신 것이니라"(요 8:42)고 하셨습니다.

우리 성도들도 예수님의 생명운동에 동참하여 생명운동을 알리는 사명을 다하여야 하겠습니다.

2. '여호와의 싹'이라고 했습니다.

"그 날에 여호와의 싹이 아름답고 영화로울 것이요"라고 했는데, 여기의 '싹'이라는 말은 '내 종 싹'이나(슥 3:8), '한 의로운 가지'란(렘 23:5) 말과 같은 단어입니다. 겨우내 잠자던 생명이 봄을 맞아 생명의 운동을 시작하는 상징인 싹입니다. 이 싹에 소망을 걸고 농부는 논밭에 나가 씨를 뿌립니다. 이 싹은 곧 오실 메시아를 뜻하는 말씀입니다.

유다가 심판받고 멸망하여 포로 되던 날을 지나서, 종말에 이루어질 메시아의 날은 심판의 날보다는 새 소망을 주는 날로 "여호와의 싹"이 아름답고 영화롭게 된다고 하였습니다.

스가랴 선지자는 오실 메시아를 가리켜 '내 종 싹'이라고 했습니다. 이사야 선지자는 '여호와의 싹'이라고 했습니다. 또한 이새의 줄기에서 나오는 '한 싹'이라고 했습니다. 이새의 뿌리에서 나오는 '한 싹'이라고 했습니다. 다윗의 왕통을 뜻하면서도 다윗의 뿌리라고 하지 않았습니다.

이새의 가지와 이새의 뿌리에서 이를 테면 고목나무에서 돋아나는 새 싹을 말합니다. 그러기에 더욱 소망스러운 것이 됩니다. 그러나 그 모양이 연한 순 같다고 했습니다. 고운 모양도 없고 풍채도 없다고 했습니다. 사람들의 눈에 띄는 흠모할 만한 아름다운 것이 없다고 했습니다. 한마디로 겉모양은 볼품 없다는 것입니다.

고목나무에서 돋아나온 연한 싹 같은 주님을 본받아 우리도 겸손하게 주님의 십자가를 따라가야 하겠습니다.

3. 한 의로운 가지라고 했습니다.

"내가 다윗에게 한 의로운 가지를 일으킬 것이라"고 했는데, 이 의로운 가지는 메시아의 상징입니다. 스가랴에게서는 종의 모습이요, 이사야에게서는 고목나무에서 돋아나온 볼품없는 연약한 싹이었지만, 예레미야에게서는 '왕'의 모습으로 보여지고 있습니다.

메시아의 모습이 만왕의 왕의 모습으로 나타납니다. 지혜가 충만한 자로 지혜롭게 행사하는 왕입니다. 무엇보다도 공평과 정의를 행하는 왕입니다. 이것은 여호와 하나님이 펼치시는 메시아 운동입니다. 여호와 하나님이 펼치시는 생명운동입니다. 예수 그리스도를 모퉁이 돌로 여호와의 전 곧 신령한 집을 세우는 교회운동입니다. 이 교회운동에 우리 성도들이 하나의 작은 돌이 되어 성전으로 지어져 가고 있습니다(엡 2:20-22). 이것이 교회운동의 결실입니다.

오늘을 살아가는 우리 성도들에게 주시는 '산 소망'의 기쁜 소식입니다. 마음의 묵은 땅을 기경하여 갈아엎고 살아 있는 하나님의 말씀의 씨앗을 뿌려야 하겠습니다. 의를 심고 긍휼을 거두어야 합니다. '내 종 싹,' '여호와의 싹,' '한 의로운 가지'로 나의 마음 밭에 심어야 하겠습니다. '내 종 순,' '여호와의 싹,' '한 의로운 가지'로 보여주신 새 생명의 운동에 동참하여 30배, 60배, 100배의 결실을 거두시는 여러분이 되시기를 원합니다.

말씀을 생각하며

1. 오늘의 말씀에서 가장 마음에 남는 말씀은 어떤 말씀입니까?
   _____
   _____
   _____
   _____

2. 왜 그 말씀이 마음에 남습니까?
   _____
   _____
   _____
   _____

3. 오늘의 말씀을 읽고, 나의 신앙생활 속에서 고쳐야 할 점은 무엇입니까?
   _____
   _____
   _____
   _____

한 주간의 기도 제목

나 _____
가정 _____
교회 _____

제52과

메네 메네 데겔 우바르신

성경 : 단 5:24-28
찬송 : 423, 525장

"기록된 글자는 이것이니 곧 메네 메네 데겔 우바르신이라 그 글을 해석하건대 메네는 하나님이 이미 왕의 나라의 시대를 세어서 그것을 끝나게 하셨다 함이요 데겔은 왕을 저울에 달아 보니 부족함이 보였다 함이요 베레스는 왕의 나라가 나뉘어서 메대와 바사 사람에게 준 바 되었다 함이니이다 하니"(단 5:25-28)

신바빌로니아의 마지막 왕 벨사살 왕은 성이 포위된 가운데서도 성의 절대 안전을 자랑하며 1,000여명의 귀인들을 초청하여 연회를 베풀고 대취하였습니다. 주흥이 오르자 경박하고 교만했던 왕은 느브갓네살왕이 예루살렘 성전에서 탈취한 금, 은그릇을 가져오게 하여, 그것으로 술을 따르고 마시며, 자신들의 섬기던 신을 찬양했습니다. 그 때 왕궁 분벽에 사람의 손가락이 나타나서 이상한 글을 쓰기 시작했습니다. 그것은 바로 "메네 메네 데겔 우바르신"이었습니다.

1. 셈하시는 하나님을 보여줍니다.

"메네 메네"란 말의 뜻은 "하나님이 이미 왕의 나라의 시대를 세어서 그것을 끝나게 하셨다"(단 5:26) 입니다. 하나님은 성전 기명을 가지고 연회의 술잔으로 사용하면서 우상을 찬양한 바벨론의 벨사살 왕의 교만함과 방탕함에 대하여 왕궁 분벽 촛대 맞은편에 친히 손으로 심판의 메시지를 기록하셨습니다. 이같이 하나님은 오늘도 우리 인생들의 각자의 삶을 셈하고 계십니다.

우리는 달란트 비유에서 주인(하나님)이 그 종들의 능력을 정확하게 셈한 것을 봅니다. 그리고 주인이 타국에서 돌아오자 한 달란트 받은 자가 "당신은 심지 않은 데서 거두는 것을 내가 알았으므로, 보소서 당신의 것을 받으셨나이다"라고 말하자, 주인은 "그러면 네가 마땅히 내 돈을 취리하는 자들에게나 맡겼다가 내가 돌아와서 내 원금과 이자를 받게 하였을 것이니라"(마 25:27)고 했습니다.

또한 하나님은 한 개인의 역사만을 셈하시고 계시는 것이 아니라 국가의 역사도 셈하고 계십니다. 한 나라의 흥망성쇠뿐만 아니라 전 세계의 역사까지 하나님이 주관하십니다. 당시 사람들은 바벨론 제국이 영원할 것처럼 생각했습니다. 그러나 그것은 단지 인간의 생각에 지나지 않는 것이었습니다. 하나님은 당신의 구속사(救贖史)를 좇아 제국의 흥망성쇠를 홀로 주관하십니다.

2. 저울질하시는 하나님을 보여줍니다.

"데겔"은 '왕을 저울에 달아 보니 부족함이 보였다'(단 5:27)의 뜻입니다. 그날 밤 왕과 모든 사람들이 하나님의 저울에 달렸습니다. 그 결과는 모두 쭉정이에 불과한 인생이었습니다. 비 없는 구름이요, 열매 없는 가을 나무요, 물을 저축하지 못할 터진 웅덩이였습니다.

하나님의 저울은 눈에 보이지 아니하는 우리의 심령까지도 측량하실 수 있습니다. 정확한 측량을 위한 도구로 사용되는 저울은 하나님께서 공정하게, 그리고 공의롭게 판단하시는 분이심을 나타냅니다. 하나님은 지금도 개인과 국가를 저울에 달고 계십니다. 이 저울은 영웅호걸도, 남녀노소, 빈부귀천을 불문하고 모두 올려 달려집니다.

사무엘상 2:3에 "여호와는 지식의 하나님이시라 행동을 달아 보시느니라"고 했으며, 욥기 31: 6에도 "나를 공평한 저울에 달아보시고 그가 나의 온전함을 아시기를 바라노라"고 했습니다. 우리는 우리의 마음을 저울질하시는 이(잠 24:12)를 바로 알아야 합니다.

3. 심판의 하나님을 보여줍니다.

"우바르신"이란 말은 '왕의 나라가 나뉘어서 메대와 바사 사람에게 준 바되었다'는 말입니다. 이것은 하나님이 벨사살왕과 바벨론에 대한 심판의 결과를 말씀하신 것입니다. 이 심판의 말씀은 지체 없이 신속하게 성취되었습니다. 하나님의 경고대로 바벨론의 왕 벨사살은 죽음을 맞았습니다.

주님께서 "어리석은 자여 오늘밤에 네 영혼을 도로 찾으리니 네 예비한 것이 뉘 것이 되겠느냐?"(눅 12:20)고 말씀하십니다. 예수 그리스도께서 심판하시는 그 날에 인생들은 그분의 전지하신 눈에 의해서 곡식과 가라지가 정확하게 나누어집니다. 알곡과 쭉정이가 갈라집니다. 양과 염소가 나누어집니다. 영생과 영벌로 나누어집니다. 천국과 지옥으로 갈라집니다. 영원한 복락과 영원한 고통으로 나누어집니다.

그러므로 우리는 하나님의 영광을 위하여 살아야 합니다. "그런즉 너희가 먹든지 마시든지 무엇을 하든지 다 하나님의 영광을 위하여 하라"(고전 10:31).

역사의 주관자 되시는 하나님을 봅시다. 인생과 나라와 세계 역사를 한 치의 오차도 없이 저울질하고 계시는 공의의 하나님을 바라보아야 합니다. 우리를 영생과 영벌로 나누신 심판 주 되신 예수 그리스도를 바라보아야 합니다. 당신의 영광을 결코 우상에게 빼앗기지 아니하시는 하나님께 영광을 돌리는 삶을 살아갑시다.

말씀을 생각하며

1. 오늘의 말씀에서 가장 마음에 남는 말씀은 어떤 말씀입니까?

   _____
   _____
   _____
   _____

2. 왜 그 말씀이 마음에 남습니까?

   _____
   _____
   _____
   _____

3. 오늘의 말씀을 읽고, 나의 신앙생활 속에서 고쳐야 할 점은 무엇 입니까?

   _____
   _____
   _____
   _____

한 주간의 기도 제목

나 _____
가정 _____
교회 _____